JN042605

教育虐待

子供を壊す「教育熱心」な親たち

石井光太
Kota Ishii

ハヤカワ新書 005

目次

プロローグ

私の手元に、和歌山刑務所から届いた1通の手紙がある。差出人は、桐生のぞみ。2018年に滋賀県で起きた医学部9浪母親殺害事件の加害者である。

手紙には自分が母親による教育虐待の被害者であったと明記した上で、達筆な字で次のように記されている。

〈今まさに精神的に追いつめられている人達が救われ、新たに苦しむ人たちが生じないことを、心から願っております〉

後に述べるように、桐生のぞみは母親によってほとんど女手一つで育てられてきた。母親は自身が高卒であったことにコンプレックスを抱き、娘ののぞみに国立大学医学部へ進学するよう求めた。

母親の教育熱は暴力を辞さない激しいものであり、激高すると夜通しで罵声を浴びせることもあった。それでも成績は思うようには上がらず、9浪までさせられた末に医学部進学を諦め、やむをえず滋賀医科大学の看護学科に進学した。

大学入試後も母親は高い理想を押し付け、のぞみを奴隷のように束縛して厳しく接した。娘がスマートフォンを所有したという理由だけで庭で土下座させ、それを動画で撮影するほどだったという。

こうした生活の中で、のぞみは母親の支配から逃れるためには殺害しなければならないと思いつめるようになる。決意を固めたのは、1月の凍《い》てつくような冷え切った夜だった。のぞみは母親にマッサージを施し、眠りについたのを確かめてから、包丁を取り出して刺殺したのだ。

母親が息絶えたのを確認した後、のぞみはようやくこれで解放されたという安心感から携帯電話を取り出して、ツイッターにこう書き込んだ。

〈モンスターを倒した。これで一安心だ〉

事件が発覚したのは同年の6月だった。警察が母親の遺体をバラバラにして河川敷に遺棄したとしてのぞみを逮捕したのだ。取り調べから一審まで彼女は容疑を否定していたが、二審で全面的に認め、10年の懲役刑に服することになった。

獄中で彼女が私に書いてきた手紙には、次のように書き綴られていた。

〈私の思いを一つの形にすべく、現在取組んでいる所です〉

そして2022年12月、彼女が協力する形で当時記者だった齊藤彩が著した本事件のルポ

『母という呪縛 娘という牢獄』が刊行された（同書ではのぞみら関係者は仮名になっている）。

ここから感じられるのは、彼女が未だに加害者ではなく、母親による過度な教育の被害者という意識を持っていることだ。

事件を起こした自分が悪いのではない。私をこうさせた母親が悪いのだ。彼女の胸にはそんな気持ちがあるのだろう――。

ここ数年にわたって、私は医学部9浪母親殺害事件以外にも、親による行き過ぎた教育によって人格を踏みにじられ、人生を破壊された人々を、数多くルポルタージュにまとめてきた。

行き過ぎた教育とは、かつて「スパルタ教育」と呼ばれていた類のものを指す。**親が子供の意思を無視して受験などを押し付け、独善的に掲げる高い理想に到達させるために〝愛の鞭《むち》〟と称して暴力をふるったり、精神的に追いつめたりする行為**だ。

スパルタ教育と聞いて一般的にイメージされるのは受験勉強だが、スポーツや芸術といった分野でも頻繁に起きている。物心つくかどうかという年齢からボクサーやピアニストになれと厳命し、思い通りにならないと体罰を加える。

2020年4月、国は児童虐待防止法と児童福祉法改正法の施行によって、親などによる体罰を禁止した。これまで「しつけ」という名のもとで横行してきた大人の子供に対する暴力が正式に違法行為と認定されることになったのである。

国の法改正は歓迎されるべきことだが、施行までにあまりに時間がかかりすぎたというべきだろう。日本でスパルタ教育の負の側面が露呈し、社会問題となったのは１９７０年代だ。半世紀も棚上げされてきたことで、大勢の子供が犠牲となり、心身に深い傷を負ったことはまちがいない。しかも法改正が行われた今も、家庭内での暴力を伴う行き過ぎた教育が減少したという報告はなきに等しい。

なぜ、ノンフィクションの書き手である私が今、この問題に脚光を当てようとしているのか。理由は、ここ十数年来私が追いかけてきた社会で困難を抱える人々の中に、親による過度な教育の犠牲者が数多く見られることへの危機感が沸点にまで達したためだ。

たとえば、日本にはフリースクールと呼ばれる、不登校者を集めている施設が数多く存在する。２０２１年度の統計で、小中学生の不登校者は9年連続で増加し、24万人以上に達している。フリースクールは施設によって事業内容や目標に違いはあるものの、一般的には不登校の子供たちに対して、勉強だけでなく、レクリエーションや社会活動を通して主体性を高めさせ、社会復帰の足掛かりをつくろうとするところだ。

これまで私は東北から沖縄まで約30カ所のフリースクールを取材してきたが、子供たちにインタビューをすると、どこの施設にもほぼ確実に親の行き過ぎた教育によって不登校になった子供たちがいる。フリースクールによっては、2、3割の子供がそれに該当することもある。

もっとも多いパターンが、親に強いられた受験競争の中で傷つき、疲れ果てるように不登校になった子供たちだ。

彼らの多くは親に名門校への進学を厳命され、小学校に上がる前から学習塾や英会話教室に通うことを強いられた。少しでも成績が落ちれば、親から人格を否定されるような暴言を浴びせかけられ、受験が近づくにつれてどんどん重いプレッシャーをかけられる。

その子が生まれつき要領が良く、勉強が好きなタイプならば、良い成績で周囲を黙らせられたかもしれない。だが、そうでなければ、親からの叱責や、学習塾の成績至上主義、それに周りの大人たちの受験熱は、暴力でしかない。それにさらされつづけることで、彼らは心を病み、受験どころか、学校へ行くことさえできなくなってしまうのだ。

また、少年院における取材でも同じような境遇の子供たちに会ってきた。親によって勉強やスポーツを強制され、少しでも反抗すれば足腰が立たなくなるまで殴られたり、罵声を浴びせかけられたりした子供たちだ。

小学生くらいまでは親に力ではかなわないので、子供たちは屈して言いなりになるしかない。だが、思春期になって力関係が逆転すると、彼らの中には暴力をふるうことで反抗しようとしたり、家出という形で親から逃れようとしたりする子供も現れる。そうした行動が非行となって顕在化するのだ。

ただし、近年は不良に対する憧れが薄まり、「ヤンキー」と呼ばれるような非行少年は減ってきている。それと入れ替わるようにして増えているのが、鬱屈した気持ちを他者に向けるのではなく、リストカットやオーバードーズ（薬物の過剰摂取）によって自分を破壊しようとしたり、ストレスに押しつぶされて精神疾患になったりしてしまう子だ。ひきこもり支援や、ネット依存の回復施設で見られるのは、そんな者たちである。

長年にわたって、私はスパルタ教育のサバイバーから数多く話を聞いてきた。彼らが異口同音に語るのが、親に対する憎悪の念だ。

「親のせいで、私の人生は無茶苦茶にされた。私なんて生きていたって意味がない。何をやってもダメだ。一生恨んでやる」

かつてインタビューをした20代の女性がいた。彼女は物心ついた頃から勉強漬けにされ、親に怒られるたびに自傷をくり返し、家出をした19歳からは売春で生計を立てていた。唯一の願いは、いつか大都会のビルから飛び降りて、道を歩いている人を巻き添えにし、ニュースになるような死に方をすることだという。

なぜそんな恐ろしいことを考えるのか。その問いに対する彼女の答えは次のようなものだった。

「メディアに報道されるような事件を起こせば、親に迷惑がかかるじゃん。それって親への復讐になるでしょ」

これを聞いた時、私は彼女の持つ親に対する憎しみのあまりの大きさに、背筋が寒くなるほどだった。別の見方をすれば、スパルタ教育はそれほどまでに子供の心を深くえぐり、大きな傷を残すものなのだろう。

どうして日本社会では、行き過ぎた教育が今なお行われているのか。

受験勉強を例に考えてみれば、スパルタ親たちを駆り立てているのは学歴至上主義だ。学歴があれば、社会的に認められ、豊かな生活を送れるという考え方である。

たしかに1980年代頃までは学歴が社会的な影響力を持っており、世の中を渡っていく上で「通行手形」として通用していたこともあった。就職でも、結婚でも、出世でも、学歴が物を言うことが珍しくなかった。

ところが、バブルが崩壊して平成の不景気に突入すると、学歴の威光は急速に弱まっていった。2023年度版『就職白書』によれば、企業側が採用にあたって重視するのは、人柄

＝93・8％、自社／その企業への熱意＝78・9％、今後の可能性＝70・2％。これに対して、大学／大学名はわずか17・2％にすぎない。

現在のベンチャー企業で、採用の際に学歴を最重要視しているところは皆無に等しいだろう。偏差値の高さと、社会で生き抜く力は別物であるという考え方は、既得権益とは縁の遠い新興企業であればあるほど強くなっている。

ところが、時代と逆行するように、親の子供に対する教育熱は都市部を中心にしてとめどなく高まっている。首都圏の中学受験率でいえば、リーマンショックによって起きた不景気の数年間を除いて、1990年代から上がりつづけているのである。今では都心の公立小学校では、生徒の半数以上が中学受験をするところも珍しくない。

このような社会のメカニズムについては第3章に譲るが、厄介なのは親が行き過ぎた教育を正しいものだと信じて疑わないところだ。

小学生くらいの年齢の子供たちは、学業よりも親の温かな愛情を何倍も必要としている。彼らは家庭という安らぎの場があるからこそ、外で友達と遊んだり、新しい体験をしたりして、人間性を高めていくことができる。それが優しさ、勇気、志といった、人生を渡っていく上で基盤となる力を育《はぐく》んでいく。

ところが、学歴主義に染まった親は、正反対の行動を取る。子供に対して日に何度も「勉強しろ」と怒鳴りつけ、食べたり眠ったりすることさえ二の次にさせてテキストに向かわせる。さらに目標の点数に届かなければ、それまでの努力を認めることなく、人格を否定する言葉を投げかける。これらが子供にとっては暴力でしかないことは想像できるだろう。

親たちは、子供が音《ね》を上げても耳を貸そうとしない。逆上してこう叫ぶ。

「お前のためにやっているんだ！　できないのは、お前がやろうとしていないだけ！　そんなんじゃ、お前の人生はもう終わってしまうぞ！」

こうした家庭では、子供の心の豊かさを育むことなど望むべくもない。心は砂漠のように乾き切り、ひび割れ、トラウマとなってその子を長く蝕むことになる。

――**教育虐待**。

ここ数年、親による行き過ぎた教育は、そう呼ばれることが増えてきた。

きっかけは、2011年12月に開かれた日本子ども虐待防止学会で、武田信子（武蔵大学教授、当時）がこの用語を使用したことだった。その後、一部の研究者や教育者の間で、スパルタ教育を虐待として認識するべきだという声が広がることで、世間の認知度も高まっていった。

だが、一般の人たちにとって、教育と虐待の線引きは簡単ではないだろう。親の厳しい教育が良くないとしても、果たしてどこからが行き過ぎといえるのか、それが子供にどんな害をもたらすのかということが曖昧だからだ。

同じ虐待でも、身体的な虐待ならば、殴る蹴るといった行為が伴うので、アザができるなどの形で被害が可視化される。しかし、教育虐待は違う。それが傷つけるのは、肉体ではなく、子供の柔らかな心だ。被害が認識されにくく、トラウマが精神疾患となって顕在化するまでには数年以上のブランクを要することも珍しくない。つまり、周りが被害をその場で確認することが困難なのだ。

長年、臨床の現場で子供と向き合ってきた小児科医の宮本信也（白百合女子大学教授、取材当時）は、私の取材に対して次のように述べた。

「教育虐待と呼ばれる行為は、実際にはかなり起きていると思われます。ただし、大半の子供はその時は被害に遭っていることに気がついていないでしょう。物心ついた時から教育虐待を受けていれば、家庭とはそういうものだと受け止めてしまうからです。

本人が自覚しているにせよ、いないにせよ、彼らが受けているのは虐待と呼ばれる行為と何ら変わりありません。虐待は、子供の心を傷つけ、精神疾患をはじめとして多くの被害をもたらします。すぐにそれが現れる子もいれば、時間を要する子もいます。

私が診てきた患者の中には大きくなって心を病み、医療機関につながった人もいます。彼らは病院で精神疾患の原因が親子関係にあったと教えられて初めて、自分が虐待と呼ばれる行為を受けて育ち、いろんな生きづらさを背負っているということに気がつくのです」

実際に、私がこれまで取材で出会ってきた人々にも同じことが当てはまる。

中高年のひきこもり、風俗嬢、ホームレス、半グレ、薬物中毒者……。一見、教育虐待とはなんの関係もないような人々も、膝を突き合わせて何時間もその人生についての話に耳を傾ければ、幼い頃に親から過剰な教育を強いられたことで心に大きな傷を負い、社会からドロップアウトした体験を語ることが少なくない。彼らにとって子供時代の親子関係はトラウマとなって、一生の足枷《あしかせ》となっているのだ。

かつてアメリカでは、子供に鞭を打ってものを教えるのが当たり前の時代があった。だが、一人の人物がそれに異を唱え、改革を促した。「アメリカ公教育の父」と呼ばれるホーレス・マンだ。

彼はこんな言葉を残している。

「**生徒の学ぶ意欲を高揚させずに教えようとする教師は、冷たい鉄を槌打っているにすぎない**」

日本社会には、大人から教育という名の暴力で痛めつけられている子供たちが数えきれないほどいる。

本書で見ていくのは、家庭の中で教育虐待が引き起こされるメカニズムと、子供たちの被害の実態だ。

教育は、誰のためにどうあるべきなのか。それを考えるためにも、子供たちの生の声に耳を傾けてほしい。

第1章
子供部屋で何が起きているのか
——教育虐待を「定義」する

行き過ぎた教育は「虐待」なのか

日本では沖縄から北海道まで全国225カ所に、児童相談所が配置されている。虐待など18歳未満の子供の問題を解決する行政機関だ。

児童相談所の相談窓口は24時間365日開放されており、昼夜の区別なく電話が鳴り響く。「向かいの家の子供が一晩中外に出されて泣きつづけている」「孫の体にたくさんのアザがある。親から暴力をふるわれているようだ」「生徒が父親から性的ないたずらをされたと告白した」「幼い子供が深夜に外を一人で徘徊している」……。

相談窓口には、児童福祉司や児童心理司の資格を持った専門家が待機しており、寄せられた内容を正確に記録する。それらはすべて会議に回され、複数の職員によってリスク判定や今後の対応が決められる。家庭訪問によって様子を見るべきなのか、厳しく指導をするべきなのかなどを検討するのだ。子供の生命にかかわるような事案では、即座に駆けつけて子供たちを強制的に家庭から引き離し、一時保護をすることもある。

児童相談所に寄せられる虐待相談件数は、31年つづけて増加している。2021年度は、過去最多の20万7659人を数えた。

こうした相談の中に、教育虐待に当てはまる案件はどれほどあるのだろうか。

実は、日本の虐待の中には「教育虐待」という分類がない。ゆえに、教育を原因として起こる虐待のまとまった統計は存在しないのだ。つまり、国として、教育を原因とした虐待の実態調査をしていないのである。

ただし、現場の職員に話を聞くと、教育に絡んだ虐待事案は一定数あるという。これまで私は様々な虐待関連の本を書いてきたことから、児童相談所が開催する講演会や研修の講師として何度も招かれたり、公的事業にかかわったりしてきた。そこで、現場の人々に非公式の聞き取りを行ったところ、おおよそ似たような答えが返ってきた。

以下は都内の児童相談所で働く男性職員の言葉だ。

「昔から近隣住民による『隣の家から毎日親が子供を怒鳴る声が聞こえる』『真夜中に子供が外に出されている』といった通報は多いです。家を訪れて確かめると、親が子供の勉強のことで怒ってトラブルになったという例もしょっちゅうあります。

教育が理由で起こる虐待では、相談につながりやすいものと、そうでないものとがあります。私は教育のことで起こる虐待には、大きく3つのパターンがあるように感じています。

1つ目が『勉強をしろ』とか『なんでできないんだ』と怒って殴る蹴るといった暴力をふるうパターンです。親が成績のことで興奮して身体的虐待をする。2つ目が、親が『学校へ行くな』と言って教育を受ける権利を取り上げるパターンです。理由は様々ですが、子供から教育の権利を奪うという点では虐待といえるでしょう。3つ目が、成績が悪いことを理由に子供を罵倒しつづけたり、毎日深夜まで勉強を強いたりするなど、精神的に追いつめていくパターンです。

1つ目と2つ目は、子供が怪我をするとか、学校へ来ないといった、目に見える事象として現れるので発覚しやすいといえます。一方で、3つ目はそうじゃありません。家庭の中のことなので露見しにくい上に、子供も被害を自覚して助けを求めることが少ない。しかし実際に起きている事例としては、3つ目のパターンがもっとも多いのではないかと考えています」

教育虐待を考える上で重要なことなのできちんと押さえておきたい。前提として、現在の児童虐待防止法で児童虐待と定められているのは次の4つだ。

1、身体的虐待　児童の身体に外傷が生じ、または生じる恐れのある暴行を加えること。

2、ネグレクト（育児放棄）　保護者としての監護を著しく怠ること。

3、性的虐待　児童にわいせつな行為をすること、または児童にその行為をさせること。
4、心理的虐待　児童に著しい心理的外傷を与える言動を行うこと。

ここからわかるように、教育虐待という定義はない。ゆえに、親による行き過ぎた教育が、この4つのうちのどれかに当てはまるかどうかが、虐待と判定される条件なのだ。つまり、**「教育」と「教育虐待」の線引きは、1から4のどれかに適合するかどうか**なのである。

先の児童相談所の男性職員が出した1つ目のパターンは、親が怒って手を上げるという点において「身体的虐待」とされる。2つ目のパターンに関しては、親として与えなければならない教育の機会を奪っているという点において「ネグレクト」と判断される。

3つ目のパターンは、言葉などで精神的に追いつめるという点で「心理的虐待」に相当する。だが、これがもっとも判断が難しい。

一般的に心理的虐待と呼ばれる行為は、親がDV（配偶者に対する家庭内暴力）を子供の面前で行う「面前DV」とか、親が罵声を上げて子供を脅す「恫喝」といったものを示す。これらは、親の粗暴な行為が伴うのでわかりやすい。

他方、教育に関する虐待の場合は、親が子供に対して言葉で勉強を促したり、成績が落ちていることを注意したりする行為をいう。それが本当に虐待に値するほど過剰な行為だったかどうかは、程度の差や受け取り方による。

たとえば、親がテストの悪い点数を見て「どうして勉強しなかったの！」と一言発するだけなら虐待にはならないが、３カ月にわたって毎日30回もその言葉を浴びせかけていれば子供を精神的に追いつめる虐待といえる。

しかし、児童相談所の職員が家庭を訪問したところで、親が日に何回その言葉を発したかを正確に答えるだろうか。親がそれを記憶していることはないだろうし、嘘をついて隠すことも簡単にできる。子供にしたって一々数えているわけがない。

また、日に1回の発言ならば虐待ではなく、30回の発言ならば虐待になるとして、では10回だったらどうかという判断基準を定めることの難しさもある。これはシチュエーションや言い方、それに子供の受け取り方によって違ってくるだろう。

先の男性職員が虐待かどうかの判断が難しいと言うのはそのためだ。近隣住民からの通報があって家庭訪問したところで、親の行為が虐待だと判断する材料が乏しいことが多いのだ。職員にしてみれば、虐待の痕跡を見つけたとしても、保護するだけの証拠がなく、「あまり怒らないでください」と注意することしかできないこともある。

男性職員は言う。

「親にとっても、自分の指導を虐待だとされるのは心外だという気持ちがあります。親にしてみれば、子供の受験勉強のために膨大なお金と時間と労力をかけています。だから、子供同様に自分たちだって苦しみながら受験に挑んでいるのだという意識がある。そうなると、僕らのような他人から『それはやりすぎです』とか『子供のことを考えてください』と言っても、聞き入れてくれないのです」

男性職員が少し前に経験した例だと、近隣住民からの通報を受けて、あるマンションに暮らす家族を訪問したことがあったそうだ。通報によれば、この家の両親は中学受験を控えた小学生の息子を学校に行かせず、毎日明け方まで怒鳴り散らして勉強をさせているということだった。

男性職員が両親に話をし、確認のために自宅へ上がらせてもらったところ、子供部屋では息子が真っ白な顔をして勉強机に向かっており、壁には無数の穴が開き、窓のシャッターが陥没していた。壁やシャッターの傷は、父親が勉強を教える中で怒りに任せて殴った跡だという。勉強机の後ろには、父親と母親が子供を監視するための椅子と無数の栄養ドリンクが置かれていた。

身体的な暴力の痕跡こそなかったが、子供と話をしてみると精神的に参っているのは明らかだった。そこで男性職員は子供を脅して勉強させたり、睡眠時間を奪ったりするのは虐待に該当するので慎むようにと注意した。その途端、父親は激高して言った。

「俺は子供に暴力をふるう代わりに、壁を殴ったんだ。暴力を避けるために壁に穴を開けたことのどこが悪いんだ。そもそも壁の修理代を払うのは俺だろ！　それに俺が勉強を手伝わずに、息子が受験に落ちたらどうするんだ。今までかかった金や、息子の将来をあんたらが保障してくれるのか」

男性職員は言葉を尽くして説明したが、結局ほとんど理解してもらえなかったそうだ。そして息子の側も父親に怒鳴られるのは嫌だけど、受験の日まではがんばると答えたという。

男性職員はこうもつづける。

「スパルタ教育の家庭を見ていて思うのは、親がたくみに虐待行為を隠すことがあることです。我々が通報を受けて家に行って話し合いをしたとします。すると、親は次の日から子供部屋のシャッターを下ろして叱ったり、食事を取り上げて勉強を強いたりするようになる。これによって、もともと見えにくいものが、より潜在化してしまうのです」

身体的虐待やネグレクトをする親は、どちらかといえば精神的に未熟で感情の抑制が苦手なタイプが少なくない。そのため、児童相談所が介入した後も、怒りに任せて手を上げる、欲望に抗えずに子供を自宅に放置して遊びに行くといったことをくり返しやすい。

一方で、教育虐待をする親は、社会でそれなりの地位についていて、世間体を気にするタイプだ。それゆえ、彼らは一度通報されればそれ以降は近隣住人の目を気にして、自分のやっていることを上手く隠そうとする傾向にある。

こうなると、家の中で起きていることを訴えられるのは、被害に遭っている子供だけということになる。

だが、後で述べるように、子供たちは幼い頃から親の支配下に置かれて言いなりになって生きているので、親の意に背いたり、他人に助けを求めたりする力が弱い。何年も親に服従している中で、己の意志を示す力が奪われているのだ。

あるいは、親から「お前が努力しないからいけないんだ」とか「パパはお前のために言ってるんだ」と言われつづけることで、子供の中には、親が正しく、悪いのは自分なのだとすり込まれている者もいる。こうなると、彼らが被害状況を的確に把握して、他者に対してSOSを出すことはなくなる。

多くの教育虐待は、このようにして闇の中に葬られてしまっているのである。

親による洗脳支配

家庭の中で、親はどのように教育虐待を行っているのか。

教育虐待を正確に目撃し、記憶しているのは、被害者である子供自身だ。子供部屋で起きていることについては、彼ら以上の証言者は存在しない。

だが、実際には彼らは幼い上に、親の支配下にあるため、なかなか自ら口を開くことはない。自身の経験を客観視して言葉にできるようになるのは、大抵は成人してからだ。後に述べるタレントの小島慶子さんや評論家の古谷経衡さんといった著名人のように30代、40代になってようやく重い口を開く人も珍しくない。

幸か不幸か、私はこれまでの取材経験の中で、多くの成人した教育虐待サバイバーから体験談を聞いてきた。ここでは、それらの生の言葉を紹介しつつ、家庭という密室で起きているリアルを紹介したい。

教育虐待において、ほぼすべての親が共通して行っているのが〝洗脳〟だ。

現在の日本では、就職においても結婚においても、学歴の持つ威光はだいぶ衰えてきているといえる。一流大学を卒業しても、その人に実力や何か光るものがなければ社会で一定以上の収入を得たり、家庭を築いたりすることは難しい。

にもかかわらず、親は学歴に現実以上の大きな価値を見いだし、あの手この手で子供に対してその重要性を説く。「早慶大以上の大学に行かなければ安定した会社に就職できない」「あの人は東大卒だから人格も何もかもすばらしい」「学閥に入らなければ出世できない」といったことを何かにつけて口にする。

子供たちは物心つく前からくり返しそう言われるので、無意識のうちに感化されがちだ。

世の中は学歴がすべてなのだと思い込み、親から学習塾へ行けと言われれば行き、中学受験をしろと言われればし、東京大学を目指せと言われれば目指す。知らず知らずのうちに、親の偏った考えに染まっている。

とはいえ、大なり小なり、どの家庭でも親の思い込みが子供の考え方に影響を及ぼすことはあるだろう。教育虐待が行われる家庭に見られるのは、親の価値観のゆがみがあまりに極端であることだ。

かつて薬物依存の取材をしていた時に出会った、教育虐待サバイバーの男性がいる。彼は東大卒のキャリア官僚の家庭に生まれ育った。父親は仕事ばかりで家のことはまったく関与せず、専業主婦の母親が子育ての主導権を握っていたそうだ。そしてこの母親が教育にただならぬ熱を上げていた。

男性はこう語っていた。

「3歳くらいの頃には、母から『官僚以外は職業じゃない』みたいなことを言い聞かされていました。そのためには中学受験をして、そこから東大へ行き、国家試験を通らなければならない、というのが口癖でした。

母には俺にそれを実現させるための脅し文句がありました。東大に行けなければ、ホームレスになって凍え死ぬしかなくなるって言われていたんです。母は本気でそう思っていたと思います。また、いとこの一人がひきこもりだったんですが、毎日のようにその人を例に挙げて、『勉強しなきゃ、あんなクズになるよ。あの子のせいで親族みんなが恥をかいているんだ』『あなたがあんなふうになったら、私はあなたを殺して自殺する』と言っていました。成績が悪くて暴力をふるわれることもしょっちゅうでした。母はただ叩くんじゃなくて、こう言うんです。

『あなたをホームレスにしたくないの。なんでその気持ちをわかってくれないの！　あなたをホームレスにするくらいなら、あなたを殺して私も死ぬ！』

今から考えればあまりに極端な話なんですが、その時は真剣に僕をホームレスにさせないために言ってくれているんだと思っていました」

教育虐待をする典型的な親は、あらゆることを「オール・オア・ナッシング」、つまり百かゼロかで考える傾向にある。

官僚になるかホームレスになるか、医者になるかニートになるか、東大に行くか中卒なのか……。大切なのは子供が自発的に夢を抱いて、そこに至るプロセスを思い描き、挑戦と失敗をくり返しながら進んでいくことなのに、彼らは初めからゴールを1つに絞って、子供にそれを強要する。

そのため、子供たちは選択肢を与えられず、親が決めたゴールに向かって走らされている。

その間もずっと親からの脅しを受けるため、子供たちは敷かれたレールから外れることに大きな不安を覚える。志望校に合格しなければ、人生が終わってしまうという恐怖心を植えつけられるのだ。

紙幅の都合上、本書ではあまり触れないが、スポーツや芸術の分野で行われる教育虐待においても、同じような洗脳が伴う。かつて私が刑務所で話を聞いた元暴力団の男性がいる。彼の父親はアマチュアレスリングの選手だったそうだ。

父親は、自分が果たせなかった世界チャンピオンになるという夢を子供に押し付けた。そして夜明け前からトレーニングを課し、練習は最低でも1日6時間、時には学校を休ませてまで行った。鉄拳制裁も辞さず、男性は毎日のように怒鳴られ、殴られ、時には首を絞められて意識を失っていたという。父親の眼中には息子を世界チャンピオンにするということしかなかったのだろう。

男性は次のように語っていた。

「家の壁という壁に『世界チャンピオンになる』という目標が貼られて、ビデオテープがすり減るくらい毎日何度も一流の選手の試合を見せられてた。今考えたら親父は周りが見えなくなっていたんだろうな。俺にしてみればそんな生活は楽しいものではなく、つらいとしか思わなかった。でも、家の中でそれしかないから、別の価値観がなかったんだよ。だから嫌でもなんでも、それをするしかなかったんだ」

教育虐待の下で育った子供たちは、洗脳されているからといって必ずしも親の敷いたレールに乗ることをよしとしているわけではない。どちらかといえば、常に息苦しさを感じている。だが、他の生き方を見せてもらえないため、嫌だと思っていてもそうして生きることしかできないのだ。

スポーツにおける教育虐待といえば、亀田三兄弟が思い浮かぶ。父親の亀田史郎の厳しい特訓によって、亀田興毅、大毅、和毅の三兄弟は世界チャンピオンになることができた。この三兄弟のように素質があって世界の頂点をつかむことができれば、親の荒々しい指導も虐待ではなく、「英才教育」と見なされるだろう。だが、そんな夢物語を体現できるのは一握りもいない。

元暴力団の男性を待ち受けていたのも悲しい結末だった。連日の激しい練習が祟《たた》り、10代半ばで頸椎を損傷して長い入院生活を余儀なくされる。そして医師の判断で、選手生活を断念せざるをえなくなったのだ。

父親は自分の夢を実現できなかった息子に対して失望をあらわにし、毎日のように口汚く罵った。「お前は俺がかけた時間と金をすべて台無しにした」「世界チャンピオンになれないお前は、一生クズだ」……。男性は、選手生命を絶たれた時点で自分の人生は終わったと思った。そして自暴自棄になって犯罪の道に走ったという。

親が意図的に行う洗脳とは別に、親族の間に漂う特殊な空気が子供を洗脳するケースもある。

代々政治家を輩出している家系の空気が典型的な例だ。このような家では、子供は生まれながらにして将来は親の三バン——地盤、看板、鞄——を引き継いで、政治家になる宿命を背負わされる。親族だけでなく、地域の人たちもまたそういう目を向けてくる。

こうした環境で育てば、子供は自ずと親族が決めたレールの上を走らなければならなくなる。政治家になるのを拒むことは、親族だけでなく、地元の支援者に対する裏切り行為でしかない。親の過度な期待に応えられるだけの力があればいいが、そうでなければ重圧でしかないだろう。

かつて私が女子少年院の取材で知り合った少女が、これと似たような家庭で育っていた。実家は地元では名の知れた名士の家であり、学校経営をはじめいくつもの事業を手掛けていた。親族はみな地元の国立大学を卒業後、若くして系列の会社の重役を務め、特に優秀な者たちは市議会議員や県議会議員になっていた。

そんな家で生まれた彼女は、物心ついた頃から様々な習い事をさせられていた。小学校に入る前から、英語、フランス語、スペイン語を習わされていたというからよほどだったにちがいない。小学校に上がってからは、学校の成績や塾のテストが返ってくるたびに、家族会議が開かれていたそうだ。

不運だったのは、少女は生まれつきIQが低く知的障害とのボーダーにあり、学力を上げることが難しかったことだ。それゆえ、周りからかけられる一言一句がプレッシャーとなって彼女を苦しめた。

少女は次のように語っていた。

「あの人（母親）の言葉は全部、勉強して偉くなれと言っているように聞こえた。『宿題やったの？』『誰とどこへ行くの？』『ご飯を早く食べなさい』といった言葉も、『そんなんで偉くなれるの？』って言葉と同じ。だから、1日に何十回も怒られている感じがしてた。兄は頭が良かったんで親の期待通りに生きていた。でも、うちはバカだから、いくら勉強しても成績は悪かった。中学、高校と進んでいくうちに、親の言葉がどんどんきつく感じて、最後は同じ家に暮らしていることも苦しくなった。それで家出をしたの」

もし母親の勝手な思い込みだけなら、子供は祖父母に理解を求めたり、きょうだいと愚痴を言い合ったりできたかもしれない。しかし、周りにいる人たち全員が同じ価値観を持っていれば、その子の心は休まる暇がない。

そんな彼女ができるのは、家から逃れることだけだった。それが家出、そして非行へとつながっていったのだ。ちなみに、彼女のＩＱが低いことがわかったのは、少年院に入ってからだった。

子供を傷つける言葉

教育虐待において洗脳は出発点にすぎない。親は子供を自分の価値観で染めた後、今度はあらゆる手立てを駆使してわが子を自分の理想とするゴールに向かって走らせようとする。それが虐待と呼ばれる行為を引き起こすのである。

教育虐待の中でもっとも起こりやすいのが、**親の言葉による暴力**だ。

親の中には子供が思い通りの成績を取れなかった時、感情的になって暴言を吐き散らす人がいる。親の温かさを必要とする年頃の子供にとって、そうした強圧的な罵声は、いたいけな心をズタズタに切り裂く刃物となる。心に刻まれた傷はなかなか癒えることなく、場合によっては一生痛みを伴うものとなりかねない。

言葉の暴力としてよく見られるのが、**子供の努力を踏みにじる発言**だ。

「なんで、こんな簡単な問題も解けないんだ！」
「この成績で恥ずかしいと思わないのか！」

「これまで一体何をやっていたの？」
「自覚がまったく足りない！」
「努力をしているようには見えない！」

教育虐待を受けている子供は、自分の意思ではなく、親の言いなりになって勉強をしている。そういう子供たちは、自発的に勉強をしている子供と比べると、学習の定着率が低くなるため、余計に苦労しなければならない。

子供にしてみれば、がんばってやったけど、この点数が精いっぱいだったという気持ちだろう。ゆえに、彼らはテストの点数より、日頃の努力を認めてもらいたいと考える。

だが、親の目に映っているのは、テストの結果だけだ。成績が良ければ努力していると考え、そうでなければ怠慢と見なす。だからこそ、いくら子供が必死になっていても、親はそれを人格ごと否定するような物言いをする。それが右記のような言葉として現れる。

親は自分がした発言を正しいと信じている。そんな彼らの常套句は次のような言葉だ。
「怒ったのは、子供にやる気になってもらいたいからだ。私だって本当は怒りたくない。でも、子供のために心を鬼にして怒っているんだ」

こうした考え方は、親の独りよがりでしかない。

競馬のレースを思い描いてほしい。日本最高峰のG1のレースで、騎手がサラブレッドに乗ってスタートを切ったとする。騎手はぎりぎりまで耐え、最後の最後でタイミングよく鞭を振り下ろせば、コンマ数秒の力を発揮させることができるかもしれない。

だが、幼い馬に訓練の最初の段階から何度も鞭を打ち、「もっと早く走れ！」とせかしたところで、速く走れるようになるわけがない。むしろ、馬は騎手を背中に乗せて走ることすら嫌がるようになるだろう。

人間だって同じだ。

プロ野球選手の大谷翔平選手のように体格にも運動神経にも恵まれていても、幼い頃から頭ごなしに罵声を浴びせかけられ、暴力をふるわれていたら、野球に夢を抱けなくなるだろう。バットを握るどころか、試合を見ることすら嫌になってしまう。

しかし、メジャーリーグに渡った今の大谷選手ならば、監督に活を入れられても「なにくそ」と思ってがんばれるはずだ。なぜならば、それまでに培った野球への愛情、成功体験、そして自分自身で掲げた高い目標があるからだ。

勉強においても同じことだ。

親がまだ何も成し遂げていない子供に対して厳しい言葉を投げかけたところで、それがいい方向へ転がることは少ない。子供たちは、なぜ自分の努力を認めてくれないのか、自分はそんなにダメな人間なのかと劣等感を膨らませ、勉強を嫌いになる可能性の方が高い。

幼い子供に対して親がしなければならないのは、その子が勉強を好きになるように促すための声掛けだ。このことは東大生の子供時代の経験に基づくアンケートからも明らかになっている。図1を見てほしい。

東大生の65％が「親に『勉強しなさい』と言われていない」と答えていることがわかる。また、同じ調査からは、「よく褒めてくれた」が82％、「何かを決める際、親は自分の意見を聞

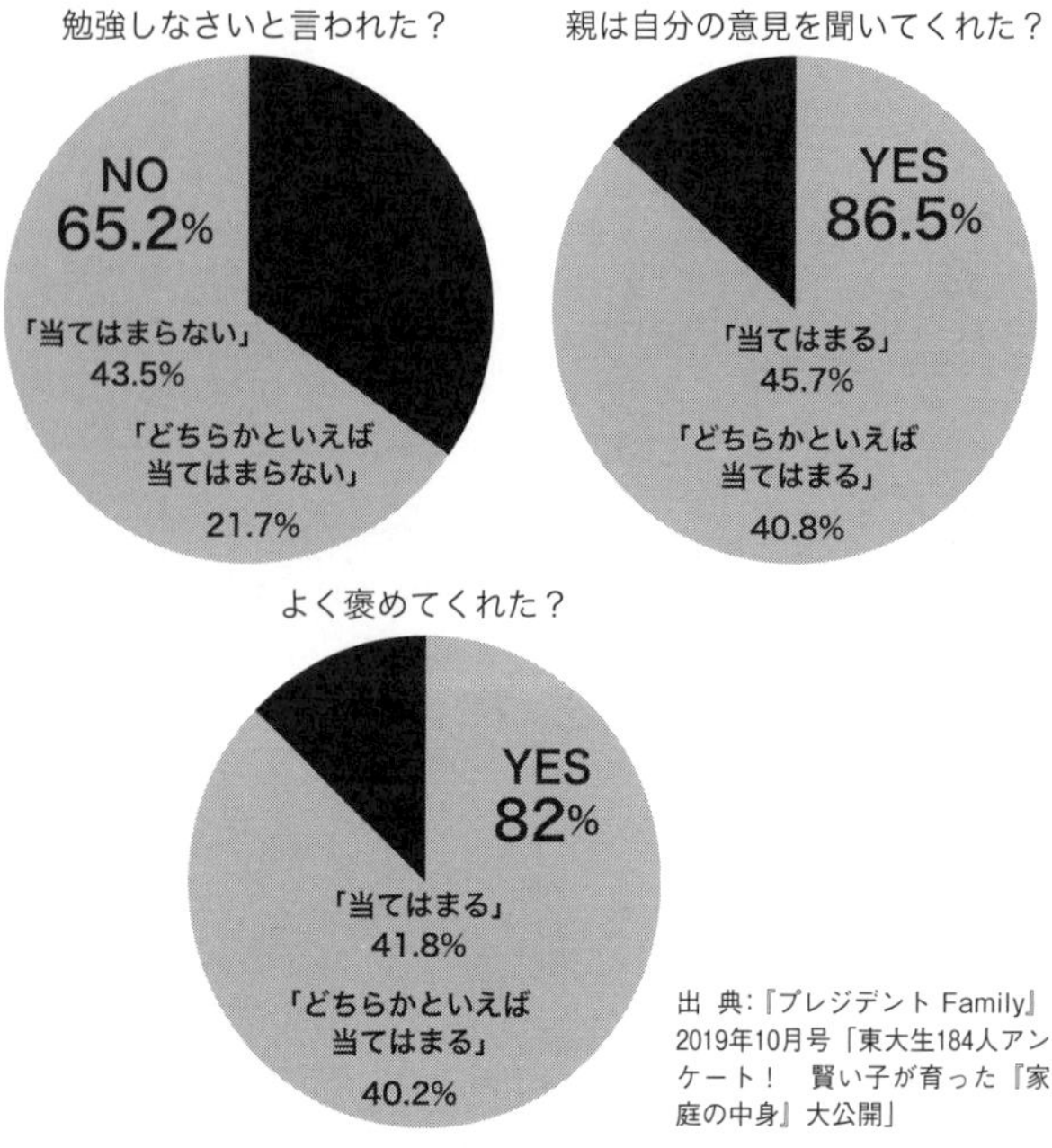

出 典:『プレジデント Family』2019年10月号「東大生184人アンケート！　賢い子が育った『家庭の中身』大公開」

図1：東大生へのアンケート結果

いてくれた」が86・5％であることが明らかになっている。

これらのアンケート結果は、子供の学力向上のためには叱るより褒めること、強制するより自主性に委ねることの方が有効ということを示している。

また、親が発する子供を傷つける言葉として、**他人と比較してわが子を貶める発言**がある。周りにいる優秀な子供と比べて、子供がどれだけ劣っているのかを悪意を込めて指摘するのだ。


「なんでお兄ちゃんやお姉ちゃんができて、あなただけできないの？」

「○○ちゃんを見習いなさい！」

「同じ塾の子に対して悔しいと思わないの？」

「あんな子たちに負けてもいいと思ってるのか！」


こうした親たちは、あらゆる子供は等しい能力を備えていると勘違いしている。

だが、人間には生まれ持った能力というものがある。スポーツや芸術に喩えればわかりやすい。血のつながったきょうだいであっても、足の速い子とそうでない子がいるし、絵のセンスがある子とない子がいるだろう。性格だってバラバラだ。

勉強の能力とて同じだ。仮にきょうだいが3人いたとすれば、3人がそれぞれ持っている能力は異なる。本人の努力や環境によって補える差もあるが、学習障害などのように容易には埋められないものもある。

親がそうしたことを考慮せず、右記のような言葉を浴びせかけられれば、子供はどう感じるだろう。「きょうだいの中で自分だけが劣っている」「自分はクラスメイトよりダメな人間なんだ」と自分を卑下しはじめる。それは大きな劣等感となって、その子の心の成長を阻むことになる。

先に紹介した女子少年院で出会った少女がまさにそうだった。彼女は知的障害のボーダーだったにもかかわらず、毎日のように優秀な兄と比べられて蔑《さげす》まれてきた。それは勉強だけに留まらず、日常生活の言動などあらゆることに及んだそうだ。

彼女はこう語っていた。

「あの人（母親）は、勉強だけじゃなくて、生活のこと、たとえばお皿を割ったとか、服を脱ぎっぱなしにしたってことで『他の子はこんなことはしない』とか『家族の中であなただけ血がつながっていると思えない』と言ってきた。人と比べてどんだけうちがバカなのかって言ってきた。

なんで気がついたら、うちは自分はどうしようもない人間なんだって思うようになってた。

この家にふさわしくない、いちゃいけない人間なんだって……。だから、生きていること自体にごめんなさいって気持ちだった」

教育虐待をする親は、勉強だけでなく、日常の些細なことにまで口出しすることが多い。家族の中であなただけが食べるのが遅い、なんであなただけ寝坊をするのか、この中に一人だけ音痴がいる……。

虐待親は他者との比較の中でしかわが子の価値を見いだせない。だから何かにつけて他者と比べようとするので、目に付く子供の欠点を必要以上に問題視し、がなりたてる。毎日そんなことをされれば、子供が自信を喪失するのは当然だろう。

また、こうした親たちは**子供に対して恩着せがましい言葉をかける**ことがよくある。親である自分が子供に対してどれだけのことをしたのかを懇々と語り、それに見合った報酬を求めようとするのだ。

次のような言葉である。

「一体、おまえの塾代にいくらかけていると思っているんだ！」
「家族はみんなお前の合格を最優先してあらゆることを我慢しているんだぞ！」
「あんたのためにおじいちゃんやおばあちゃんにまでお金借りて苦労させているのよ！」

「私だって叱りたくないのよ。叱るのがどれだけつらいかわかる？　叱らせているのはあなたなのよ？」

子供にしてみれば、親に一方的にレールを敷かれ、受験勉強をさせられているだけだ。にもかかわらず、親から恩を着せるような言い方をされても、不当な言いがかりにしか思えない。「あんたが勝手にやってんだろ」というのが本音だろう。

だが、面と向かってそのように反論する子供は多くはない。毎日のように親から「これだけ協力しているんだぞ」と言われていると、子供は知らず知らずのうちに親に対して申し訳ないという感情を抱いてしまうのだ。

スポーツにおける例だが、私は以前、フィギュアスケートで五輪選手を目指したものの、途中で挫折して心を病んだ女性に話を聞いたことがある。フィギュアスケートはスケートシューズに十数万、衣装代に十数万、月謝やリンク代に十数万円と、非常に費用がかかるスポーツだ。

彼女の親は何が何でも娘を五輪選手にしようと、普段のグループレッスン以外にも個人レッスンを受けさせたり、スケート場を貸切って練習させたりと多額のお金をつぎ込んだ。すべて母親の意向によるものだ。にもかかわらず、母親は毎日のように練習にいくらかかっているかを示してこう言ったそうだ。

「これだけのお金を返そうとしたら、オリンピックに出てもらわなければどうしようもないのよ。お母さんもお父さんもすべてあなたにかけているんだから、何が何でもがんばってちょうだい」

彼女は学校にもほとんど行かずに練習をしたが、大会で優勝できるようなレベルに到達することはできず、志半ばでスケートをやめることになった。

その後、彼女を襲ったのは母親を裏切ってしまったという自責の念だった。自分は母親が払ってくれた多額のお金を無駄にしてしまったのだと罪の意識にさいなまれ、ついには心を病んでしまったのである。

後に彼女はこう語っていた。

「現役の時は、親にお金のことで迷惑をかけているんだから、なんとしてでもそれに報いなければと思っていました。楽しいとか、夢を追いかけているとかいう気持ちはなく、ただ親を裏切るような真似はできないという思いで、あらゆることに急《せ》かされるようにやっていた感じです。だから結局、大会に出ても失敗することの方が怖くて力を発揮できずミスばかりしていました」

彼女にしてみれば、親から恩着せがましい言い方をされたことによって、強迫観念に駆られてフィギュアスケートをしていたようなものだったのだろう。そのプレッシャーが選手としての成長を妨げたばかりか、心まで壊すことになったのである。

ところで、子供たちはなぜ、親の言葉の暴力から逃れようとしないのだろう。受験勉強をやめるという選択もできるのではないか。

実際にそれができる子供はきわめて少ない。彼らは親の洗脳に加えて、日頃から**退路を断つ言葉**をかけられている。それによって逃げることができなくなっているのだ。

次のような文句である。

「これで不合格だったら、うちは家庭崩壊することになる！」
「家族みんなが世間に顔向けできなくなる！」
「レベルの低い学校へ行ったら、あんたなんてすぐにいじめられるわよ！」
「あなたは一生、負け組のままでいいの？」
「やらないなら、今すぐ家から出ていって自分一人で生きていけばいい」

子供はこうしたことを言い聞かされているので逃げることを罪だと思ってしまう。自分のせいで家庭を壊すわけにいかない。荒れた学校へ行っていじめられたくない。家を出ていかされても、他に行くところなんてない……。こうした思いの中で、子供たちは逃げる選択肢を失ってしまうのだ。

虐待親は、往々にして子供から逃げ道を奪っていることに無自覚だ。だからこそ彼らは次のように言い放つ。

「私は強制をしたことなんて一度もない。やめたければいつでもやめていいって何度も言った。それでも勉強をしていたんだから、あの子は自分の意志でやったの」

やめられない状況に追いつめておきながら、やめたければやめればいいと言うのだ。

しかし、こうした状況下で、子供が自分の意志で受験勉強をやめる決断を下すことなどできるわけがない。子供は不本意ながら涙を流しつつ、「がんばります」「やらせてください」と答えざるをえなくなるだろう。

このように見ていくと、教育虐待下において子供たちがいかに親に支配されているかがわかるのではないか。その中で心に傷を負っていくことこそが、心理的虐待と呼ばれる所以《ゆえん》なのだ。

子供たちがこれによってどのような傷を負うのかについては、次章に譲りたい。ただ、教育虐待サバイバーの多くが、親に罵倒されていた当時をふり返って異口同音に発する言葉がある。次のようなものだ。

「親に罵倒されているうちに、感情が麻痺してほとんど何も感じなくなりました」

親の暴言に慣れたのではない。彼らは言葉という凶器によって心を破壊されるのを避けるため、あえて感情を殺すようになったのだ。

だが、親はそうしたことに気づかず、「何度言ってもわからない」「聞いていない」と言って、さらに罵声を浴びせかける。これによって心理的虐待がさらにエスカレートしていくのである。

力で子供を支配する

教育虐待をする親の基本姿勢は、子供の支配である。自分こそが正しいと信じ込み、意のままに子供を操って理想のゴールへ導こうとする。

このような親は、子供に関するあらゆることを徹底的に管理しなければ気がすまない。受験勉強なら学習塾や進学先についてだけでなく、学習や睡眠の時間、それに友人関係などの細部にまで口出しし、それから少しでも外れると激怒する。

教育虐待でよく見られるのが、子供に対して**異常なほどの長時間学習を強要すること**である。小学生のうちから毎日夜中の零時過ぎまで勉強机に縛りつけて問題を解かせる。あるいは、学習塾だけでなく家庭教師や公文式などを並行してやらせることもある。

私の知っている事例だと、平日は午前中で学校を早退するよう言われ、昼過ぎから午前零時過ぎまで12時間、休日に至っては平均15時間勉強させられていたという小学生がいた。これは明らかに子供の健康をも揺るがす行為だが、進学塾の講師に聞くと決して稀有な例ではないそうだ。

では、受験に必要な勉強時間とはどれくらいなのだろう。

Z会のホームページによれば、中学受験に必要な勉強時間は、小学4～5年生が一日平均1～3時間、6年生は3～5時間となっている。10～12歳くらいの子供が集中できて、かつ効率よく学習が身につく時間としては、難関校の受験者でもこれくらいが妥当なのかもしれない。

ちなみに近年の研究では、人間の集中力がつづく時間は思いのほか短いとされている。大人であっても50～60分、子供ならせいぜい45分、しかも本当の意味で集中できるのは15分が限度という意見が大半だ。

大脳生理学が専門の池谷裕二（東京大学教授）がベネッセコーポレーションの協力で行った「勉強時間による学習の定着・集中力に関する実証実験」では、子供に60分連続で勉強をさせるより、15分×3回の勉強を7・5分の休憩を2回はさんで45分勉強をさせた方が、定着率が高いことが明らかになっている。

子供のタイプにもよるだろうが、ここから言えるのは、やみくもに長くやるだけの勉強は、短時間集中して行うものより明らかに効率が悪いということだ。

だが、教育虐待をする親は、逆の発想をする。なぜか。

彼らはテストの点数など目に見えるものしか信じようとしない。だから、質より量を地で行く、非効率的な勉強法を強制するのだ。子供たちは連日にわたって深夜、時には明け方まで勉強をさせられるため、朝登校する頃にはフラフラ、といったことも珍しくない。

私がフリースクールで出会った中学3年生の男子がいる。彼は深夜の3時くらいまで親につきっきりで勉強をさせられていたそうだ。

彼は次のような体験を語ってくれた。

「親は最初から長時間勉強をしろって言うわけじゃないんです。がんばって早くノルマをこなそうねっていう言い方をするんです。でも、解答に間違いを見つけるたびに怒りだして、あれもやれ、これもやれって言いだすんです。大きな声で叱られるんで、僕もパニックになってできるものもできなくなる。そしたら、親はもっと怒ってさらにたくさんやれって言ってくるんです」

漢字テストで間違いがあったとしよう。最初は間違えた漢字を3回ずつ書かせて再テストするのだが、再び間違えると激怒して「ノートに10回ずつ書きなさい！」と言いだす。それでまた間違えると、今度は「30回ずつ書け！」となる。これでどんどんやることがつみ重なり、勉強時間が増えていくのだ。

これはスポーツや文化においても当てはまる。野球部の監督が、試合でエラーをした内野手に対して千本ノックをするとか、ホームランを打たれたピッチャーにグランドを１００周走らせたりするといったことだ。

冷静になって考えれば、これほど要領の悪い勉強や練習はない。時間だけでなく、本人が落ち着いた状態で、自分で考えながらやらなければ、定着率が大きく落ちることは科学的にも明らかだ。

漢字の学習でいえば、いくら子供を怒鳴りつけて１００回書かせて覚えさせたとしても、それは短期記憶に留まるだけで、数日もすれば忘れられてしまう。むしろ、日を改めてその漢字の成り立ちを教えたり、意味を考えさせたりする方が長期記憶として定着する。

彼らが目に見えるものしか信じられないとしても、なぜここまで効率の悪いやり方を強いるのか。それは**親が子供のためではなく、自分のために今その瞬間の満足感を求めているから**だ。

漢字の練習でいえば、子供に１００回書かせて正解を出せるようになったということに満足しており、野球の練習でいえば、千本ノックを通して泥だらけにさせたということに満足しているのだ。子供の定着率をよそに、親が自分のエゴを満たしているだけなのである。

他に、親が子供に対して強いる非効率的な指導としては次のようなものがある。

・勉強が終わるまで部屋から出たり、トイレへ行ったりするのを禁じる。
・朝の課題が終わるまで学校へ行かせない。
・中学受験希望者以外と付き合わせない。
・集中できないからとシャッターやカーテンを閉めたままにする。
・受験に合格するまでお菓子やジュースを禁じる。
・部屋にカメラをつけて勉強しているかどうか監視する。
・合格するまで髪を伸ばすことを許さない。
・テレビやスポーツなど勉強とは無関係なものをすべて禁じる。
・病気や怪我をしている時でさえ、いつもと同じ勉強を強いる。

小学生に尿意や発熱を我慢して勉強をさせたり、一方的に坊主頭にさせたりして、勉強がはかどるわけがない。それなのに、親が権力をふりかざして平気でそんなことをさせている時点で、正常な判断能力を欠いていると言わざるをえないだろう。

親のこうした行為がさらにエスカレーするすると、今度は**身体的な暴力行為**へと結びつく。叩く、蹴る、突き飛ばす、物を投げるといった肉体的に子供を傷つける行為だ。ひどい場合は、煙草の火を押しつける、髪をつかんで引き回す、押し倒して首を絞めるといったことまでする。

教育虐待が身体的虐待に発展するケースは、親が子供につきっきりで勉強を教えている家庭で起こりやすい。

親がいたずらに偏差値が高く、高い理想を掲げているので、子供はなかなかそこに到達することができない。親は、なぜ子供ができないのか理解できず、理想と現実のギャップにいら立ち、そのギャップを力ずくで埋めようとする。この時に、感情に任せて暴力をふるうということが起こるのだ。

教育虐待に伴う暴力で厄介なのは、それが親のしつけという形で完結してしまっている点だ。親は子供のためと言って手を上げ、子供も自分がダメだったから叩かれたと受け止めるので、暴力が正当化されてしまう。

後に詳しく見るが、教育虐待が引き起こした有名な事件に「奈良県エリート少年自宅放火事件」がある。医師の父親から教育虐待を受けていた少年が、自宅に放火した２００６年の事件だ。

父親は、この少年が幼い頃からつきっきりでスパルタ教育をしてきた。かなり早い段階から少年に暴力をふるっており、計算を間違えた、覚えが悪いなど、あらゆることを理由にして毎日のように殴る蹴るといったことをしていた。

高校1年のある日、少年は父親の監視のもとで数学の問題を解いた。難しかったのだろう、手間取ってなかなか解けなかった。すると、父親はシャープペンシルを取り上げ、あろうことか息子の頭頂部に突き立てたという。

客観的に見れば、父親の一方的な虐待でしかない。少年は100％被害者だ。だが、少年は手間取った自分も悪いと思ったのか、「痛いなぁ」と言っただけだった。父親はそんな息子の言葉には耳を傾けずこう怒鳴りつけた。

「はよせいや！」

この後、少年は反論するのをあきらめ、頭に突き刺さったシャープペンシルを抜いて勉強をつづけたそうだ（草薙厚子『僕はパパを殺すことに決めた』）。

教育虐待で起こる暴力の大半は、このように閉鎖的な親子関係の中で当たり前のようにやり過ごされてしまっている。スポーツにおける体罰も構造は同じだ。だからこそ、親は反省することもなく、どんどん暴力を激化させていくのである。

エンドレスという悲劇

受験勉強のゴールは、合格発表の日だ。

子供はいくら苦しくても、受験が終わればつらい生活から解放されるはずだと信じている。だからこそ、親にどれだけ罵られ、手を上げられても、その日まではがんばろうとする。

しかし、教育虐待が行われる家では、**合否の結果にかかわらず、受験が終わった後も勉強を強いることが少なくない**。親が暴走をやめようとしないのである。

今回、フリースクールの取材で出会った2人がまさにそうだった。

1人は中学受験に合格した男子生徒だった。彼は親に言われるままに塾と家庭教師を掛け持ちして受験勉強をして、地元の難関中学へ合格したそうだ。彼は嫌々ながら勉強をしていたこともあって、合格を知った時は喜ぶというより、放心したような状態になっていたという。これで解放されたという気持ちだったのだろう。

だが合格の翌日、母親はそんな男子生徒に中学に入る前の準備として何冊ものドリルを購入してきた。そして平然とこう言った。

「あの中学はみんな頭のいい子ばかりが集まるから、少しでも差をつけるために、今から入学後の準備をしなさい。もしついていけなくなったら、中学受験をした意味がなくなっちゃうわよ」

そしてすぐに市内の学習塾をいくつも見学に行かされた。

男子生徒はしばらくは母親の言いなりになっていたが、実際に中学に入って周りのレベルの高さを目の当たりにした時、また今までのような競争にさらされなければならないのかと愕然とした。そして1学期の成績が平均以下だったことを母親に厳しく叱られ、ショックのあまり学校へ行けなくなったという。

もう1人は、中学受験で不合格になった女子生徒だった。彼女は地元で最難関の中高一貫校を目指していたが不合格。心ならずも、公立の中学校へ進学することになった。その時待っていたのは、母親のこんな一言だった。

「今からすぐに勉強して、高校受験でリベンジしなさい！」

この言葉がどれほどつらいものだったか。彼女は次のように語っていた。

「小学1年の時から受験勉強をして、地元では一番上の中高一貫校を受けたんです。結果は不合格だったんですが、勉強が大変だったので、悲しいというより、ようやく終わったっていう気持ちでした。

でも、不合格と判明した日のうちに、親は高校受験用の新しい塾を見つけてきてこう言ったんです。

『不合格だったのは仕方ないわ。その代わり、高校受験でリベンジして、かならずあの学校に受かろうね』
不合格だった中学は高校でも募集をしているのですが、募集人数が少ないので中学で入るより難しいんです。私はそれを聞かされた途端、もう無理って思って目の前が真っ暗になりました」

女子生徒はこの母親の一言で心が折れてしまい、受験勉強どころか公立の中学校へ通うこともできなくなってしまった。それでフリースクールに連れてこられることになったのである。

親が言う「リベンジ」とは一体何なのか。

受験におけるリベンジとは、あくまで子供自身が悔しいという思いを抱き、自らの意志で再トライすることであり、第三者が促すことではない。親は根本的にそこをはき違えていると言わざるをえない。

同様の事例としては、私がひきこもりの取材で出会った19歳の少年の体験がある。彼は慶應義塾大学の附属校を受検したが不合格だった。その晩、彼は父親からこう言い渡されたという。

「お父さんはさんざん親戚や会社の同僚におまえが慶應に行くと言ってきた。もし受験に不合格だったとバレたら、お父さんが恥をかくことになる。だから、お父さんは周りの人たちに、おまえが受験に合格したと言うことにする。その代わり、今からすぐに勉強して、何が何でも大学は現役で慶應に行きなさい。お父さんにこれだけ恥ずかしい思いをさせたんだから、絶対だぞ」

慶應大学の附属校は基本的にエスカレーター式で大学まで上がることができる。ゆえに、父親は現役で慶應大学へ合格しろと厳命したのだ。

この言葉が、男子生徒にとってどれだけの重圧になったことか。初めは父親の言いつけ通りにがんばったが、高校1年の途中から成績が伸び悩み、うつ病のような症状を発症する。そして、2年になってから不登校になり、自宅にひきこもってしまった。

先の女子生徒の親にせよ、ひきこもりの少年の親にせよ、わが子の胸の内をまったく考えていない。彼らの頭の中にあるのは、常に自分主体で体面を守ることだけだ。このことは教育虐待の親が、いかに利己的かを物語っている。

これとは別に、虐待親の中には不合格になった子供に対して逆恨みをする者がいる。**自分の理想に届かなかった子供に怒りをぶつけるタイプ**だ。

家出少女たちを受け入れている若者向けのシェルターを取材した時に出会った女性がいる。彼女は小学校低学年の頃からさんざん勉強をやらされてきた。シングルマザーだった母親は、別れた夫に自分が良き親であることを示したいがために、名門校へ進学させることに躍起になっていたようだ。

娘も家計が苦しい中で塾代を出してもらっているのを知っていたので、必死になってがんばった。だが、中学受験、高校受験とともに第一志望の学校は不合格。娘は期待に応えられなかったことから、第二志望の高校に入ってもまったく勉強に身が入らなかった。

母親はそんな娘を見て裏切られたと思ったのだろう。こう言い放った。

「大学受験のための勉強をしないなら、お金のムダだから高校を中退しなさい。あんたに学費を払うくらいなら、妹の塾代に回した方がよっぽど有意義だから」

そして本当に娘を中退させたのだ。

母親の信じられない行動はこれだけでは終わらなかった。彼女は「あんたなんて家族じゃない」と言い放ち、娘の食事、洗濯、掃除などを一切しなくなった。

しかたなく彼女はアルバイトで稼いだお金でつましく食事をしたが、母親は「家にいるなら電気代を払え」「洗濯機は1回の使用につき300円」などと嫌がらせのように次々とお金を請求してきた。

娘はこうした母親に嫌気がさし、家を出ることにした。だが、母親は娘がアパートを借りるための資金援助を拒んだだけでなく、保証人になろうともしなかった。そこで彼女は家出同然に親元を離れなければならなくなったという。

他に逆恨み型の親の行動としてよく見られるのが、露骨なきょうだい差別だ。人前でわざわざ「この子はお兄ちゃんよりバカ」などと貶《おとし》めるだけでなく、お小遣いや持ち物で差をつけるとか、家族旅行や外食に連れていかないなど、実生活の上で明らかな差別を行うのだ。

こうした親は、子供を自分の理想をかなえるためのコマとしてしか見ていない。だからこそ、子供が望み通りの結果を出さなければ、一方的に怒りを膨らませ、罰を与えようとする。彼らにとって受験に合格しなかった子供は裏切り者でしかないのだ。

子供はただでさえ成績不良や受験の失敗で悩んでいる。その上、親からこうした不当な扱いを受ければ、自尊心は粉々にされるだろう。先の女性が家出をしなければならなくなった気持ちは痛いほどわかる。

私を見てほしい

本章では、家庭の中で教育を理由に行われている虐待の中身を見てきた。どれも家によっては起きて不思議ではない事例といえるかもしれない。

目を向けなければならないのは、教育虐待にさらされた子供の心情だ。成人した彼らが親との関係をふり返り、口をそろえて語る言葉がある。

「親には私のことを見てほしかった」

子供は親に向き合ってもらいたい、存在価値を肯定してもらいたいと願っているものだ。だからこそ、親が敷いたレールの上を懸命に走ろうとする。彼らの胸にあるのは、「テストの点数に関係なく、自分の努力を見てほしい」「よくがんばったねと温かい言葉をかけてもらいたい」という気持ちだ。親に認めてもらいたいからこそ、不条理なことにも耐えつづけてきたのだ。

だが、親が見ているのは、わが子ではない。自分の理想であり、テストの点数であり、合否の結果なのだ。だからこそ、子供の努力を認めず、結果だけですべてを判断してしまう。彼らが無思慮に子供を批判できるのはそのためだ。

その結果、受験を終えた子供の胸に何が残るのか。結局親は自分のことを見てくれなかったという悲しみなのである。

このような子供たちの胸の内を見事に代弁した女性がいる。元AV女優でタレントだった飯島愛さん（2008年没）だ。

東京の下町で育った彼女もまた、教育虐待サバイバーの一人だった。教育熱心な両親によって学習塾、ピアノ、そろばん、公文式、習字など様々な習い事をさせられ、名門中学への受験を強いられていたそうだ。有島武郎の小説を丸ごと一冊書き写すことを命じられることもあったというから、よほどだったのだろう。

夕食後も毎日勉強することを強いられ、その間は父親がずっと物差しを持って後ろで監視していた。そして、集中が足りない、姿勢が悪いといった理由で叩かれた。親に黙って友達と映画に行っただけで、頬を何度も殴られたほどだったそうだ。

母親の口癖は「あなたのためだから」。そう言われて数えきれないほど叩かれてきたせいで、彼女の腕にはいつも赤いミミズ腫れの痕がついていたらしい。

最終的に中学受験は失敗。彼女は親に認めてもらえない悲しさから非行に走るようになった。その詳細は後に書くが、自著『PLATONIC SEX』の中で当時を振り返って次のように述べている。

できないのは自分が一番わかってる。
「あなたの努力が足りない」
母はいつもそう私にいい続けた。
精いっぱい努力したのに……。（中略）
私は、ただほめてもらいたかった。
父に、母に、一言「がんばったね」といってもらいたかった。

本章の冒頭で見たように、日本における虐待の概念には、「教育虐待」というカテゴリは存在しない。虐待は、動機ではなく、あくまで行為によって定義されるべきという前提があるためだ。また、教育虐待は心理的虐待が主なので、線引きや発見が困難だという事情もある。

ただ、それを差し引いても、社会の中で行き過ぎた教育に対する危機感がさほどないのは、子供に及ぼす悪影響がしっかりと認識されていないためだろう。多くの人々がそれを理解していれば、教育はどうあるべきかがもっと議論されるようになるはずだ。

そのことを踏まえて次章では、教育虐待が及ぼす悪影響について、医学の側面から考えていきたい。

第2章

脳と精神を蝕む教育

——医学の観点から

生きづらさの真相

近年、法制化に伴って家庭における体罰が虐待であるという認識が広がったことから、大人になった被害者が過去の体験を語ることが少しずつ増えてきた。書店の専門の棚に行けば、彼らの告白本や精神科医がまとめた本が多く並んでいる。

そうした当事者の一人に、東大医学部を卒業した小石川真実さんという女性がいる。現役の医師で、内科医として勤務している。彼女は著書『親という名の暴力』『私は親に殺された！』などで、親から教育に関することなど様々な心理的虐待を受けて育ったことを告白し、その暴力性を訴えている。

福岡県久留米市で、小石川さんは大手企業のビジネスマンの父親と専業主婦の母親との間に、２人きょうだいの長女として生まれ育った。弟はダウン症だった。

母親は学生時代に九州大学を卒業して弁護士になることを目指していたようだ。だが、大学受験に失敗して短大へ進学し、カトリック系の修道院が経営する幼稚園に勤務する。１年余りそこで働いた後に結婚した。

母親は、そんな人生が不本意だったようだ。自分が「飯炊きババア」になったと思い込み、長女の小石川さんに社会で活躍するエリートになるようにと言いつづけた。娘をつかって自分が望んでいた理想の人生を取り戻そうとしたのだろう。

そんな母親の教育方法は何から何まで娘を傷つけるものだった。テストで100点を取っても一切褒めず、娘が性的な関心を抱くことを極度に忌み嫌った。そして日常のあらゆる場面で娘の人格を否定するような暴言を吐いた。

父親もこれに追随するような態度をとった。彼は小石川さんにダウン症の息子の分まで立身出世するように求めただけでなく、気に入らないことがあれば「おまえは人間の屑《くず》だ！」「切ったって赤い血なんか出やしない」といった罵声を浴びせかけ、手を上げることもしばしばだった。

この時の気持ちを小石川さんは次のように語っている。

「自分はこの世に生きてもいい人間だという、最低限の自信を獲得する手段として〝日本一の学力の証明＝東大理Ⅲ合格〃を思いつき、思いついたが最後、私はその目標にすっかり呪縛されてしまった。（中略）同時に勉強が、追われるだけの無味乾燥なものに変わり、精神がどんどん荒んでいった。それでも当時は学校にも『東大病患者』『医学部病患者』ばかりが周りに溢れていたので、〝東大理Ⅲという目標は本当に正しいのか？〟などという疑問はますます湧きにくくなった」（『私は親に殺された！』）

小石川さんは無我夢中で勉強し、目標だった東大医学部に学ぶことになった。だが、親の暴言にさらされながら、猛勉強を重ねていく中で、彼女の精神には明らかな変調が現れるようになる。

最初に発覚したのは、うつ病と境界性人格障害だった。これによって日常生活がうまく営めなくなり、心身の問題が出てきただけでなく、大学や病院で適切な人間関係を築けなくなった。そして重症化に伴って、薬物依存、性生活の破綻、自殺未遂などにも苦しむようになり、社会人として生きるのが難しくなっていくのである。

なぜ彼女の人生は破綻したのか。

小石川さんは、親による「言葉の暴力を主体とする精神的暴力」が主な原因だったと分析している。子供時代に親によって散々心を踏みにじられたことが、思春期以降になって精神疾患をはじめとした多くの問題となって現れ、生活が壊れたのだ、と。

この主張は医師としての知見に基づいたものだ。だが、一般的には、言葉の暴力が子供にどんな害を及ぼし、それがどれほどの生きづらさになるのかということはあまり知られていない。そこにこそ教育虐待の暴力性がある。

本章では、教育虐待に詳しい2人の医師にインタビューを行った。虐待が脳に及ぼす影響を研究している精神科医の友田明美（福井大学教授）と、プロローグに登場した小児科医の宮本信也だ。両氏の言葉を引用しながら、私が取材した具体的な事例を交えて考えていきたい。

教育虐待と教育ネグレクト

すでに述べたように、教育虐待という定義は正式には存在しない。ゆえに研究者によっても捉え方は若干異なる。

しかしながら、今回話を聞いた友田も宮本も、親の行き過ぎた教育が虐待に該当するという点で意見が一致している。宮本はこう語る。

「教育虐待は、世間でよく言われる児童虐待と同じです。私としては、教育に関連する不適切な親子関係は大きく2つに分けられると考えています。1つが『教育虐待』と呼ぶべきもので、これは教育を強制することを示します。もう1つが『教育ネグレクト』で、こちらは子供から教育の機会を奪い去ることを示します」

ここで宮本の言う2つの定義を少し細かく見ると次のようになる。

○教育虐待（エデュケーショナル・アビューズ）
・教育に関する過剰な強制の継続。
・成績不良に対する過度の叱責。
・子供が自信をなくすような教え方。
・叱りながら行う教育。
・子供の年齢、能力、学習スタイルに合わない教育内容の強制。

○教育ネグレクト
・子供に適切な教育を受けさせる義務を、その義務を有する人が果たしていない状況。
・学校に行かせない。
・子供に適した教育を受けさせない。
・子供の怠学を放置している。

アビューズとは、権力の乱用という意味だ。親がその権力を乱用して子供を苦しめることを示す。

これまで本書で見てきたのは、主に前者に当たるものが大半だった。親が偏った思い込みの中で、子供に対して過剰に、時には暴力を伴って勉強を強制する行為だ。

他方、後者の教育ネグレクトは、教育の機会を奪うものである。親のネグレクトの延長で子供が教育を受けられない状況が発生していたり、ゆがんだ考え方で教育を受けさせなかったりするといったものだ。

もう少し具体的に言えば、親が毎日飲んだくれていて、長男が幼いきょうだいの世話を押し付けられて学校に行けなくなっているとか、親が貧しさを理由に子供に家業の手伝いをさせて学校へ行かせないといったケースである。親が学校に不当な怒りを膨らまし、子供に「あんなところへは行くな」と禁じることもある。

また、少し変わったケースではあるが、親の主義主張（宗教も含む）で子供に学校で勉強を禁じることもある。

本書の取材のために西日本のフリースクールを訪れた時にも、そんな子供に出会った。その子の親は自然の中で子供を育てるのがいいと考え、山の中に小屋をつくって自給自足の生活をしていた。そして子供に対しても、学校で勉強するより、自然の中で生き延びる力を身につけろと言い、学校へ行かせずに、家の畑仕事や薪割りをやらせていた。

そのせいで、この子は小学校の高学年になっても基礎学力どころか、他人とコミュニケーションを取る方法さえ身についていなかった。自治体との様々な話し合いの結果、祖父母がその子を引き取って学校へ行かせたものの、まったく学校生活に馴染めない。そこで祖父母はこの子をフリースクールに入れて、小学1年のところから勉強をはじめることになった。

教育ネグレクトは、過剰に勉強をさせるスパルタ教育とは逆の行為だ。ただし親のゆがんだ認識によって行われているという点ではどちらも同じであり、子供は学習面だけでなく、様々な悪影響を受けることになる。

宮本はつづける。

「今回、石井さんが主に取り上げようとしているのは教育虐待の方だと思います。私はこの教育虐待も2つあると考えています。

1つが**虐待の延長線上にある教育虐待**です。親の中には粗暴な性格で、日常のあらゆることを口実にして暴力をふるうような人がいます。部屋が汚い、声が大きい、目障りだということで手を上げる。彼らにとっては勉強も口実の1つになりえます。彼らは特別に教育熱心というわけではないのですが、暴力をふるうための身勝手な理由として『勉強しろ』と言うのです。

もう1つとして、**教育熱の延長線上にある教育虐待**というのもあります。親が教育にとても思い入れを持っていて、非常に高いレベルを求めます。そこに到達することを無理強いする。子供がそれについていけず、つらい思いをすれば、それは教育虐待と呼べるものになります」

こう見ていくと、暴力をふるうために教育が理由となっているケースと、教育をするために暴力がふるわれているケースがあることになる。

本章の冒頭で紹介した小石川真実さんの家庭はまさに前者だと言えるだろう。両親は勉強のことだけでなく、日常の些細なことを理由に彼女を乱暴な言葉で傷つけた。

父親は娘の顔ににきびを見つけては「豚の脂が回っとるんだ」と言い、母親は足の太さを見とがめては「お父様の血統ね。お父様とあのバアサン（父方の祖母）そっくり。足首が太い人は運動神経が鈍いのよね」と言った。両親の教育虐待は、子供を痛めつける数々の行為の1つという位置づけだ。つまるところ、両親にとって娘を攻撃する材料があれば、教育でなくてもよかったのだろう。

逆に、第1章で紹介した飯島愛さんの家庭は後者のタイプだ。両親が学歴主義に凝り固まって、度を越した形で勉強を強いた。そしてそれがどんどんエスカレートしていき、暴言を吐く、監視する、暴力をふるうといったことにつながる。子供の学力を高めなければ、という親の強迫観念が虐待を生んだケースだ。

2つのうちどちらの形で教育虐待が現れるにせよ、宮本は子供たちが受ける悪影響は通常の児童虐待と同様のものだと考えている。彼は次のように述べる。

「**教育虐待が子供に及ぼす影響は、一般的な虐待と何ら変わらない**ものです。暴力を受けていれば身体的虐待、暴言を浴びせられていれば心理的虐待が引き起こすのと同じ影響が子供に現れます。

ただこういう家庭では何か1つというより、いろんな形で虐待が行われるため、子供は常に大きなストレスにさらされ、親との関係も不適切なものになります。なので、子供はそうした環境の中でうつ病などの精神疾患や、愛着形成の不全といった問題を抱えることになるのです」

児童虐待において、子供が受けた精神的な傷はトラウマとなって残る。後に見るように、これがPTSD（心的外傷後ストレス障害）となって、心にいくつもの形で後遺症を引き起こす。教育虐待においても、そのメカニズムはまったく同じなのだ。

「注意しなければならないのは、家庭以外でも子供は教育虐待による心の傷を受けるリスクがあることです。たとえば学校や学習塾の中で先生が子供を傷つけるような言葉を発したとしますよね。そのような言葉もまた、家庭で行われる教育虐待と同様に、子供の心に大きな悪影響を及ぼす可能性があるのです。つまり、教育虐待の加害者は、かならずしも親だけに限らないということになります」

学歴主義にとらわれた学校の教員が、生徒に優劣をつけて不適切な扱いをすることは珍しくない。授業中に特定の生徒に対して「君はどうせ宿題をやらないんだからメモを取らなくていいよ」とか、「君はどうせわからないだろうから、次の人が答えて」と発言するのだ。

このような言葉をかけられて、傷つかない子供はいないだろう。彼らの中には、それがトラウマとなって一生残ることもある。そういう意味では、学校や学習塾の教員が教育虐待の加害者となっていることは十分にありえる。

学校や学習塾といった勉強を教えることを目的とした空間では、こうしたことがまかり通る危険が多分にある。テストの点数が大きな価値を持つ授業では、教員のそうした言動が間違ったこととして認識されにくいのだ。生徒を厳しい競争へ押しやる進学校や、学習塾の進学クラスでは特にそれがいえるだろう。

事実、今回の取材の中でも、学校や学習塾で受けた経験が心の傷となって苦しんでいる子供に複数出会った。名門大学の附属校に進んだ男子生徒が、教員から成績の悪いことを理由に人格否定されるような言葉を投げかけられ、ショックで学校生活をつづけられなくなったというケースがあった。彼の親は特に教育熱心だったわけではないことから考えれば、学校での体験がトラウマとなったことはまちがいない。

では、こうした子供の傷つき体験は具体的にどのような病理につながっていくのだろうか。

脳を傷つけられて

友田明美は精神科医として臨床現場で子供を診ながら、脳科学者として虐待が脳に及ぼす影響を明らかにしてきた。ＭＲＩなどをつかって実際に虐待が脳にどう作用しているのかを示してきたのだ。

個人的なことだが、私は２０１５年からＪＳＴ－ＲＩＳＴＥＸ（国立研究開発法人科学技術振興機構　社会技術研究開発センター）という科学的知見により社会貢献を行う事業のアドバイザーを務めている関係で、友田の研究への研究費提供や社会実装にかかわったこともある。今回は改めて基本的なところから話を聞くことにした。

友田も宮本同様に教育虐待を一般的な虐待と同じものであると捉えている。彼女は虐待を「マルトリ（マルトリートメント＝親の不適切な関わり）」と呼ぶ。

彼女の言葉である。

「親御さんが勉強を教える中で長期的に厳しい言葉を吐く行為は、はっきりと心理的マルトリ（虐待）といえます。そしてマルトリは心理的なものから身体的なものへエスカレートしていくことも多いです。

暴言などの心理的マルトリで大きなダメージを受けるのは、脳の聴覚野です。ここに影響が及ぶことで、子供はその時だけでなく、大人になってからもいろんなことに悩まされるようになります」

脳の大脳皮質の側頭葉には「聴覚野」と呼ばれる部位がある。ここは言語にかかわる様々な機能が集まっている。

子供はいろんな体験をつみ重ねながら脳を発達させていくのだが、幼い頃に親から暴言を浴びせかけられると、脳の聴覚野に悪影響が現れることがある。友田の研究によれば、言葉の暴力を受けて育った子供は聴覚野の一部（上側頭回灰白質）が、平均して14・1％肥大化していることが明らかになっている。耳から入ってくる暴言が、脳の機能に異変を生じさせるのだ。

これは何を示しているのか。

「人にとって言語は非常に重要なものです。物事を考えることにしても、人の話を理解することにしても、人とコミュニケーションを取ることにしても、すべての基本となる力といっていいでしょう。

聴覚野の一部が肥大化すると、脳の中での情報伝達がスムーズにいかなくなってしまう可能性があります。物事を適切に考えたり、理解したり、話したりする過程で余分な負担がかかって、うまくいかなくなる。

これで何が起こるかといえば、言語に関する複数の能力の低下です。語彙理解力、コミュケーション能力といったものが低下し、人によっては心因性難聴になるリスクがあります。心のストレスからくる難病で、情緒不安につながることもあります」

虐待が被害者に及ぼす影響は、個人差がある上に複合的な形で現れるので単純化することはできないが、虐待によって傷つけられる脳の部位としては他に海馬や扁桃体が挙げられる。海馬は記憶をつかさどる器官であり、扁桃体は恐怖や不安のコントロールをつかさどる器官だ。虐待によってこれらの発達が阻害されれば、被害者は大きな生きづらさを抱えるようになる。

具体的には、人の気持ちが読み取れない、感情をコントロールできない、こだわりが非常に強い、他者とのコミュニケーションが苦手といった特徴として現れることが多い。発達障害の症状に似ているため、精神科医の杉山登志郎は虐待の後遺症を「第四の発達障害」と名づけているほどだ（杉山登志郎『子ども虐待という第四の発達障害』）。

言語に関する能力の低下についても、教育虐待サバイバーと話をしている中で、しばしばそれに類することを感じることがある。

日常的な会話なら普通にできるのだが、少々込み入った話だったり、細かな説明を求めたりすると、思考停止になったように急に口をつぐんでしまう。いくら言葉を変えて言っても、ニコニコしているだけで何にも理解していないということも少なくない。

こういう人たちは、往々にして他人の立場になって考えることも不得意だ。母親はなぜ手を上げたと思うか、学校の先生はどんな気持ちでその言葉を投げかけたのだろうかと尋ねても、黙って首をかしげられることがしばしばある。一緒になって考えようとしても「わかんないです。なんか頭痛くなるからどうでもいい」と言われたこともある。

彼らは複雑な言語を精密に操るのが苦手なので、自身の感情に向き合って細かく説明するとか、相手の心のひだを読んで物事を想像するといったことを避けようとする。それが他人の目には、思考停止だったり、利己的な態度に映り、衝突を招きかねない。これが本人たちの生きづらさにつながる。

少々余談だが、教育虐待サバイバーと一緒にいてよく見られるのが、大きな声や音に対する過敏さだ。怒鳴り声はもちろん、道を歩いていて急に大きな音がした瞬間に周りが驚くほど縮み上がることがある。

かつて教育虐待のサバイバーである30歳過ぎの女性とカフェで話をしていたことがあった。調理場からは20メートルくらい離れていたが、そこで店員がグラスを落として割った音が響いた途端、彼女は震えて泣きだしたことがあった。それだけ大きな音が心の傷となって残っているのだろう。

友田は言う。

「**子供の場合、マルトリの影響は、情緒不安として目に見える形で現れることが多い**です。学校での人間関係を苦痛に感じて避けるようになったり、先生の一言を必要以上に過敏に受け取って泣いたりする。不安のあまり睡眠障害になることもあります。

こうなると、子供たちは学校での生活に適応することが難しくなります。人と接すること自体が嫌になって不登校になるとか、対人関係がうまくいかなくなって、いじめの被害者や加害者になるといったこともあります。傍目《はため》には不登校やいじめなのですが、原因をたどっていくとマルトリに行きつくのです」

心の傷が情緒不安として出現し、それが私生活や学校生活に支障をきたすのだ。

こうしたことは子供時代の一時的な症状として収まるわけではない。その後の人生に長く傷跡を残し、被害者を苦しめる。

友田はつづける。

「マルトリによる傷は一生にわたって残りかねません。なので、いつどのような形で影響が出るかは人によって違うのです。不安が大きくなってうつ状態になることもありますし、生きているという感覚を得ようとしてリストカットをすることもあります。いろんなことに過敏になって他者に攻撃性を向ける子もいます。本当に悲しいケースでは、自分なんて生きていたって仕方ないと考えて自殺をすることもある。きちんとした治療や心のケアを受けなければ、何十年とつづく可能性があるのです」

具体的に、著名人のケースから考えてみたい。

評論家の古谷経衡さんは、著書『毒親と絶縁する』で自身が教育虐待の犠牲者であったことを告白している。

同書によれば、古谷さんは両親から厳しい口調で北海道大学へ進学することを義務づけられて、勉強に関して細かく口出しされてきたそうだ。それは行き過ぎた教育というより、嫌がらせに近いものだった。子供部屋のドアを外されて監視される、罵倒されるといったことに留まらず、日常生活においても入浴中にガスの元栓を締めて冷水を浴びせられたりしたという。

古谷さんのケースでは、教育虐待が心理的虐待だけでなく身体的虐待にまで及んでいたといえるだろう。こうした日々の中で古谷さんの心身に異常が現れたのは、高校1年生の時だった。突如としてパニック障害が起き、その後も長らく彼を苦しめることになった。

似たようなことは、タレントの小島慶子さんも、著書『解縛』で書き綴っている。商社マンの家庭で育った彼女は、幼い頃から一部上場企業に勤めている男性と結婚するのが女性としての幸せと教えられてきたそうだ。そしていわゆるお嬢様として育つことを求められ、猛勉強の末に学習院女子中等科へ入学した。

だが、小島さんもまた親から浴びせかけられる言葉や親のつくった鋳型通りの生き方に限界を覚えるようになる。そして高校生になってから夜中に食べ物を口に入れては吐き出すなどの摂食障害になり、33歳になってからは不安障害を発症することになった。

古谷さん、小島さん、そして先述の小石川真実さんの例から見えるのは、子供の中で教育虐待の影響がいつどのように出るかは個人差によるところが大きいということだ。

ここで紹介した人たちは、主に高校時代に精神疾患という形で問題が顕在化したが、私がこれまでインタビューをした人たちの中には30代、40代でそれらの症状が現れた者もいた。心の傷は身体のそれとは異なり、時間をかけて当事者を蝕んでいくのである。

友田は語る。

「すべての人が精神疾患になるわけではありません。おそらく、教育マルトリを受けたとしても、そうならない人の方が多いでしょう。でもだからといって、そういう人たちがみんな生きやすい人生を送れるかといえば、そうではないこともあると思います。親との関係によって〝**アダルト・チルドレン**〟のような形で生きづらさを抱えて生きている人も少なくないと思っています」

アダルト・チルドレンとは、親子関係のトラウマによって傷つき、人格形成がゆがんだまま成長し、生きづらさを抱える人々のことをいう。精神科医の斎藤学の『アダルト・チルドレンと家族』によれば、図2のような特徴が見られるそうだ。まさに大人になれない子供といった状態だろう。

こういう人々が社会に適応できない結果として、うつ病や適応障害といった二次障害が生じれば、教育虐待を受けた過去が明らかになり、治療につながるかもしれない。だが、そうでなければ彼らは原因もわからず、ただ漠然と生きづらさを感じて多くの壁にぶつかって生きていくことになるのである。それはそれで、また別の苦悩があるといえる。

図2：アダルト・チルドレンの特徴

- 周囲が期待しているように振る舞おうとする
- 何もしない完璧主義者である
- 尊大で誇大的な考え（や妄想）を抱えている
- 「NO」が言えない
- しがみつきを愛情と混同する
- 被害妄想におちいりやすい
- 表情に乏しい
- 楽しめない、遊べない
- フリをする
- 環境の変化を嫌う
- 他人に承認されることを渇望し、さびしがる
- 自己処罰に嗜癖している
- 抑うつ的で無力感を訴える。その一方で心身症や嗜癖行動に走りやすい
- 離人感がともないやすい

斎藤学『アダルト・チルドレンと家族』p.96～p.105をもとに作成

子供に及ぼす影響力の違い

ここまで教育虐待が脳の発育を妨げたり、精神疾患を生じさせたりするプロセスを見てきた。被害者の身にトラウマがいつ病理として現れるかだけでなく、症状の大きさも人によって異なる。

たとえば、まったく同じ家庭で育ったきょうだいでも、トラウマがほとんど表に出てこない人もいれば、心を病んで社会生活が営めなくなる人もいる。この違いは何に起因するのだろうか。

まず押さえておかなければならないのが、子供の生まれつきの能力の違いだ。勉強より、スポーツの例の方がわかりやすいだろう。

清水宏保さんという元スピードスケートの選手がいる。長野五輪での金メダルを含む2回の五輪で3つのメダルを取り、長年にわたって日本のスピードスケート界を牽引してきた人物だ。

北海道で生まれ育った清水さんは体格に恵まれていたわけではなかった。体は小さく、生まれつき喘息も患っていた。父親の均さんはそんな息子を心配し、健康のために3歳の時からスケートをやらせた。

均さんはスケートに関しては素人だったが、当初から息子には才能があると信じ、息子にスパルタ教育を施して一流の選手に育てようとした。

「お前も世界で通用する選手になれる。身長が低いことは言い訳にはならない」（清水宏保『プレッシャーを味方にする心の持ち方』）

息子を金メダリストに育てたいという均さんの意志は徹底していた。親子ではなく指導者と教え子の関係をつくるために、自分の息子を「清水」と呼び、朝は毎日午前4時半から練習をスタートし、学校から帰ってくるとすぐに午後の練習。均さんは独学で練習法を編み出し、スケートの練習だけでなく、足の感覚を研ぎ澄ますために下駄を履かせたり、関節を軟らかくするために相撲の股割や四股をやらせたりしたという。

清水さんが小学2年の時、均さんは重度の胃癌が見つかり、余命半年を宣告された。だが、彼はベッドから離れられなくなることを危惧して入院による抗がん剤治療を拒否し、ワクチン療法を行いながら毎日のように息子への指導をつづけた。自分の命より清水さんを一流の選手に育てることを優先したのである。

均さんは医師の予想に反して9年ほど生きた。そして清水さんは1998年に父親から言われた通り、五輪の金メダルを獲得したのである。

清水さん親子にまつわる物語は、金メダリストの感動秘話としてマスコミが度々紹介してきた。体格と健康に劣る清水さんが父親との二人三脚の努力の末に困難を乗り越え、世界一の選手になったのだ、と。

だが、冷静になって考えてほしい。誰もが同じことをして金メダルを取れるだろうか。これだけ激しい練習をすれば、人によっては喘息が悪化することだってあるし、選手生命を断たれるような大怪我をすることだってあるだろう。気持ちが折れて挫折する人もいるはずだ。そういう人の方が多数かもしれない。

そのように考えれば、清水さんは身体的に劣っていたというより、むしろ父親の特訓に耐えて成長できる潜在能力を生まれつき備えていたと考えるべきだろう。

勉強においても同じことがいえる。子供の中には勉強をすることの才能がある人とない人が明確に存在する。

宮本は次のように語る。

「子供の学力は、もともとの能力がベースにあって、それに努力をつみ重ねて高まるものです。いくら勉強をしても学力を上げるのが難しい子はいますし、学校や塾で行われる一般的な学習のやり方が合わない子もいます。時間をかけたからといって、それに比例して学力が上がるというわけではないのです」

IQや学習障害を思い浮かべてみれば、勉強をする能力に生まれつきの差があるのは明白だ。IQ130の人とIQ70の人が同じ勉強をしたところで定着力には大きな差がある。これは学習障害のある子供とない子供についても同じことがいえる。

だが、教育虐待をする親は、子供が生まれつき持っている能力の差を考慮しようとしない。子供はみんな同じような能力を有していて、偏差値は努力によって無限に上がるのだという妄想を抱いている。だからこそ、やればやるだけ成果が出るという根性論で、無駄に長く厳しいだけの教育が行われる。

子供によって被害の大きさが異なる第一のポイントはここだ。生まれつき勉強が苦手な子であればあるほど、教育虐待が及ぼす負担は大きくなる。それゆえ、同じ虐待を受けても、被害が少ない子と、そうでない子に分かれるのだ。

では、生まれ持った能力が同じようなものなら、どうなのだろう。たとえば、A君とB君が同じ能力で、同じ教育虐待を受けたとして、2人は同じ精神疾患になるのか。

答えは否だ。ここにおいても、個人差が生じる。

宮本は次のように推論する。

「教育虐待によって精神疾患などになる子とならない子の違いについて、科学的な解明はなされていません。いつ、誰が、どんな状況で、何をされたかは人によって異なりますので影響に差が現れるのは仕方のないことです。ただ、大きな要因を2つ挙げることはできます。

1つがその子が持っている〝レジリエンス〟です。レジリエンスとは『弾力性』だとか『柔軟性』と訳されるもので、その子が生まれつき備えている力と様々な体験の両方で形成されていくものです。レジリエンスが高ければ、少々きついことを言われても流すことができますが、そうでなければショックで立ち直れなくなるかもしれません。

発達障害の子を比べるとわかりやすいと思います。ADHD（注意欠如・多動症）の子供は、集中力がなく思いつくままに行動する傾向がありますが、一方であまり物事を気にしないという特徴もあります。こういう子は、人に何かを言われても受け流すのが上手です。

一方、ASD（自閉スペクトラム症）の子は違います。彼らはこだわりが強く、柔軟性に乏しく、普段の生活だけでも大きなストレスを感じる傾向にある。そんな子たちが親から教育虐待を受ければ、彼らが抱える生きづらさはかなり大きなものになります。

発達障害でなくとも、子供によってレジリエンスの質は異なります。それが子供の虐待に及ぼす影響に違いを生むのではないかと考えられます」

一言でまとめれば、レジリエンスとは、逆境に置かれた時に回復、復活する力のことだ。環境によってレジリエンスの強度は変化するが、ベースとなる持って生まれた部分も相当大きいといえる。

宮本はつづける。

「2つ目は、先天的要因とは反対の環境的要因です。つまり、その子の近くに〝第三の大人〟が存在するかどうかです。

虐待の連鎖という言葉があります。一般的に、虐待を受けた子の3分の1は、大人になった後に自身も虐待をするといわれていますが、残りの3分の2は連鎖しません。その分岐点は、その子の傍に理解のある大人が1人でもいたかどうかです。

その子が家で虐待を受けていても、学校の先生や地域の大人など、きちんとその子に向き合っている大人がいれば、『大人（社会）から自分は受け入れられている』という安心感を得ることができます。これによってその子はレジリエンスを高めることができたり、ストレスを軽減したりすることができる。

教育虐待についても同じことが当てはまります。家でどれだけ激しい教育虐待が行われていても、家庭の外に信頼関係を築ける大人がいれば、その子はレジリエンスを高めたり、精神的なダメージを和らげたりすることができる。そうなると精神疾患になるようなことが避けられる可能性が高まります」

虐待において、〝第三の大人〟の存在の有無は非常に大きな意味を持つ。仮に虐待されている時にいなくても、中学や高校に上がってからそうした大人に出会えれば、二次障害を回避することができる。

これは子供食堂やフリースクールの取材をしていて頻繁に感じることだ。かつて四国のフリースクールで中学1年の女子生徒と出会ったことがある。彼女は、教育虐待のプレッシャーで小学6年の頃からリストカットをしていた。なんとか名門中学に合格したものの、精神不安もあってリストカットがやめられず、学校も休みがちになっていた。親は塾と家庭教師を掛け持ちさせる一方で、心を落ち着かせるために週に2回、半日だけフリースクールへ行くことを許していた。

彼女はこう言っていた。

「フリースクールにいる時だけ勉強しなくて済むんです。親には勉強してるって言っているけど、ここの先生はわかってくれてて自由に過ごさせてくれる。唯一ホッとできる場で、ここに来るようになってからリスカの回数が減りました」

彼女のケースは、フリースクールの先生が〝第三の大人〟として機能し、子供のストレスを軽減させている例だといえるだろう。〝第三の大人〟がいることで、なんとか親の教育虐待に耐えられているのだ。

こう見ていくと、教育虐待が及ぼす影響は、個人の先天的な才能やレジリエンスだけでなく、環境によっても左右されることがわかるはずだ。

発達障害児の苦悩

発達障害の話が出たので、最後にこれにも触れておきたい。実は、宮本も友田も、**発達障害の子供は教育虐待の被害に遭うことが少なくない**と指摘している。

友田は臨床現場での経験から次のように語る。

「教育マルトリの被害者で発達障害の子はとても多いと感じています。はっきりとした発達障害というより、グレーゾーンの子などですね。

発達障害はずいぶん知られるようになりましたが、それでも親御さんにとって、自分の子供に障害があるのを認めるのはとてもつらいことです。中にはどうしても認めたくないと考える方もいます。

こういう親御さんの中には、なんとかして子供を普通と同じ、あるいはそれ以上に育てようとする人がいます。しかし、子供は学習障害などがあると、ワーキングメモリ（情報を一時的に記憶しておく能力）のバランスが悪かったりして勉強がうまく身につきません。親の方がそれを理解しないと、ヒートアップしてついついマルトリにつながってしまうことがあるのです」

発達障害はADHDとASD、そして学習障害（LD）に大きく分類されている。このうち学習障害は、読字障害、書字表出障害、算数障害、特定不能の学習障害に分けられる。実際はここに知的障害を併発している子供も多いのだが、ここではあえて個別に考えたいと思う。

通常、子供に発達障害があることに気がつくのは周りにいる大人たちだ。親や親戚、ないしは幼稚園や小学校の先生がその子が持つ何かしらの特性に感づいて、医療機関で検査を受けさせ、判明するのである。医師は親に対して子供の特性を細かく説明し、どう接すればいいかをアドバイスする。親がしっかりと理解すれば、その子に合った形で子育てをしていくことができる。

しかし、家庭によってはそうならないケースがある。親が子供に障害があることを認めようとしなかったり、子供の障害が見えづらいために気がつかずに医療機関につながらなかったりすることがあるのだ。また、親自身が障害や病気を持っていて、子供の障害を理解する能力に欠けていることもある。

こうした親の中には、子供が抱えているハンディを無視して、自分の思いを一方的に押しつける者がいる。それが行き過ぎた教育となった場合、子供に対する教育虐待が起きるのだ。

宮本もまた、発達障害の子供たちが犠牲になっていることを非常に危惧している。彼によれば、子供がどのような特性を持っているかによって親の教育虐待の出現の仕方が変わるという。

このように語る。

「子供が持っている障害の種類によって親の言動が変わることがあります。親が勉強を強いた時、ADHDやASDの子供は、じっとすわっていられないとか、思い込みで違うことをやるなどといったことがあります。特性が行動に現れる。それゆえ、親は子供に対して『やめなさい』『ちゃんとやりなさい』という具合に行動規制をかけようとするので、叩くなど身体的な抑制を伴う教育虐待が生じやすいのです。

親が学習障害の子供に勉強を強制する場合は違います。子供はおとなしく机に向かいますが、その特性からなかなか成果が点数に現れません。そうすると、親はイライラして罵声を浴びせたり、長時間の勉強を強いたりするので、心理的虐待を伴う教育虐待になる傾向にあるのです」

一般的な児童虐待においても、被害者の中に占める発達障害児の割合が高いことは知られている。杉山登志郎の報告では、被虐待児に占める発達障害と診断できる子供の割合は55%とされているほどだ（杉山登志郎「発達障害としての子ども虐待」、『子どもの虐待とネグレクト』第8巻第2号）。

細かな数値は別にしても、この傾向は教育虐待にも当てはまると考えていいだろう。たとえば、プロローグで紹介した医学部9浪母親殺害事件の加害者である桐生のぞみは、裁判の鑑定によってASDだったと診断されている。

殺害された母親もそうだったかはともかくとしても、宮本の言葉に照らし合わせれば、娘であるのぞみがASDの特性を示していたことによって母親の支配が暴力を伴う過激なものになった可能性はなくはない。少なくとも子供の発達障害は親の教育虐待をエスカレートさせる1つの要因となる。

発達障害のある子供が教育虐待を受けることで二次障害を抱えると、ただでさえ難しい社会生活がより困難なものになる。

児童自立支援施設という場所を知っているだろうか。かつて「感化院」「教護院」と呼ばれたところで、少年院に入る前段階の問題行動を起こす小中学生が主に集められる場所だった。現在は不適切な家庭環境で育ち、問題行動を示す子が育て直しを目的として一定期間入所することになっている。

私は複数の児童自立支援施設を取材したことがあるが、西日本のある施設では収容されている子供たちの62％に発達障害があり、81％に被虐待の経験があった。つまり、発達障害に加えて被虐待が加わることで、子供たちが問題行動を起こすようになってしまっているのだ。

この中に、私が出会った15歳の少女がいた。彼女は物心ついた頃から週に10以上の習い事をさせられ、朝は5時起きで写経までさせられていたそうだ。時間までに親が決めた分量を書けなかったり、字に間違いがあったりすると、朝食、時には夕食まで取り上げられたという。

彼女はＡＤＨＤの傾向があり、親の命令に従わず、多動的な言動が目立っていたようだ。親はそんな娘を思う通りにさせようと、植木用の支柱を常にそばにおいて、何かあればそれで叩いて言うことを聞かせようとした。

そうした中で少女は心を病み、小学校の頃からは消しゴムを食べるなどの異食症や自傷が現れるようになった。また、リストカットの動画をクラスメイトに見せびらかす、ボールペンのインクで刺青のまねごとをする、感情を爆発させて学校で飼育していた小動物を虐待するといった異常行動もあった。

中学に上がって親に見捨てられてからは、学校に行かなくなり、コンビニやスーパーで万引きをくり返していたそうだ。そしてついに彼女は警察に補導され、児童自立支援施設へ送られることになる。

児童自立支援施設に来てから医師の診断を受けたところ、彼女には虐待の二次障害と見られるパニック障害など複数の病状が見つかり、多くの薬を処方されたという。

この施設の職員は次のように語っていた。

「障害のある子が、親の虐待で二次障害を負うと、しんどさの度合いが違うのでしょう。登下校の最中に見かける車すべてを傷つけなければ気がすまないとか、爆発した感情が抑えられずに舌をかみ切るとか、にわかには信じられないようなことをするんです。結局そういう子は、保護されても児童養護施設や里親のところではやっていけないので、うちのようなところに来ることになります。障害と虐待が合わさった子供が多いのは、そのためだといえます」

児童自立支援施設へ行って、こういう子供たちを見るたびに、虐待を受けた発達障害児たちが抱える問題の深さを思わずにいられない。親にもう少し理解があればなんとかなったのに、という気持ちになる。

ただ、一般的な家庭であれば、ここまでになる前に、親が気がつき医療機関に相談にやってくる。友田は、そんな親の抱える苦悩を目の当たりにしてきた。

友田の言葉である。

「親御さんも一杯いっぱいなんです。あるお母さんはこの子が言うことを聞いてくれなくて悩んでいますといって娘さんを連れてきました。私が診ると、明らかな発達障害でした。お母さんはそれを知らず、なんとか娘さんに言うことを聞かせようと手を上げていたらしく、お尻はアザだらけでした。

こうした親御さんに必要なのは、マルトリを禁じるだけでなく、〝ペアレント・トレーニング〟をすることだと思います。子供の特性に気づかせてあげて、きちんと特性を理解すれば親子関係はだいぶ改善されるはずなのです」

ペアレント・トレーニングとは、発達障害などハンディを抱える子供を育てるためのプログラムだ。親自身が療育（障害に対して適切な対応をし、自立へ向けて支援すること）について学び、家庭の中で実践するための取り組みだ。

ただし、教育虐待の場合、親が長らく子供に障害があることを信じようとしなかったり、気づかなかったりすることが多いので、医療機関と接点を持つことが少ない。それを考えると、親以外の周りの人たちがいかに早期発見して療育につなげるかということが重要になってくるだろう。

第3章
時代に翻弄される家族
——受験戦争と教育虐待

過熱する受験熱

欧米と比べると、**日本では教育虐待が起こりやすい**といわれている。最大の理由は、日本の受験のあり方にあるだろう。大学入学共通テストに象徴されるように、子供たちが横一列になってテストの点数を競い合い、それによって合否が決められる。そのため、親や教師は子供にできるだけ勉強をさせて1点でも多く取らせようとするので、行き過ぎた教育に直結しやすい。

他方、欧米の大学では入学において日本ほどテストの点数が重視されるわけではない。一流大学であっても学力以外に、課外活動、推薦状、作文などの評価も入学の基準として大事にされる。よく欧米の大学は入学するより、在学中の勉強の方が大変とされるのはそのためだ。

また、テストの内容でもその人の個性が重んじられる風潮がある。暗記主体型のテストより、課題に対して自分の意見を持ち、それを的確に伝えることに評価の軸が置かれる。テストの実施形態にも個別の配慮があり、私の知っているアメリカの大学では、発達障害の特性のある人には通常の倍のテスト時間が与えられることになっている。つまり、日本のような画一的な学力の評価方法とは異なるのだ。

国の教育や試験のあり方は、文化ともかかわってくるので一概に善し悪しを断言することはできない。ただし、日本で行われているようなテストのあり方は、点数重視で個性が軽視される傾向にある分だけ、教育虐待が生まれやすい状況にあるといえるだろう（欧米では格差や民族等の問題で、学校に行けない子供の問題＝教育ネグレクトの方が深刻だ）。

とはいえ、これでも日本の受験を取り巻く状況は、一時代前に比べればかなり変化が出てきている。

まず、企業の側が学歴を昔ほど優先しなくなった。かつては六大学レベルでなければ入社試験を受させてもらえないとか、大学のランクごとに入社試験の内容が異なるといったことが当たり前のように行われていた。また、大企業の場合は、東大派閥、慶應大派閥のような学閥が存在し、そこに属さなければいくら成績が良くても出世が難しいといったこともあった。

現在は当時ほど露骨なものはなくなり、企業は学歴より、その人が持っている実力にウエートを置きつつある。採用試験では社風に合ったタイプの人を採用し、自分たちの手で育てていこうという意識が高まっているし、社員も同じ出身大学で集まるより、考え方の合う者たち同士で絆を深めることの方が多い。

このような社会変化や少子化によって、大学の入試の方法も昔に比べるとかなり多様になってきた。科目数を減らして1つ、2つの科目で生徒の能力を測ったり、高校在学中の活動を評価する推薦入試や、論文や面接を重んじるAO入試の枠を増やしたりしている。そして生徒の方も進学先を大学名だけで選ぶより、学びたい学部や取得できる資格で選ぶ傾向が高まっている。

だが、こうした時代の変化に比例して、日本で教育虐待が減っているかと問われれば、甚《はなは》だ疑わしい。図3を見てほしい。**首都圏の中学受験者数はリーマンショック後の数年の不況を除けば全体的に増加している**のだ。

メディアの報道もこうした事実を示している。次は2022年にメディアで報じられた受験記事のタイトルである。

〈中学受験が史上空前の激戦に！　難しさを増す学校&塾選び〉（『週刊ダイヤモンド』2022年4月23日号）

〈クラスの半分は私立受験！　居住地でみる中学受験、驚愕の実情〉（『幻冬舎GOLD

図３：首都圏の私立・国立中学の受験者数と受験率の推移

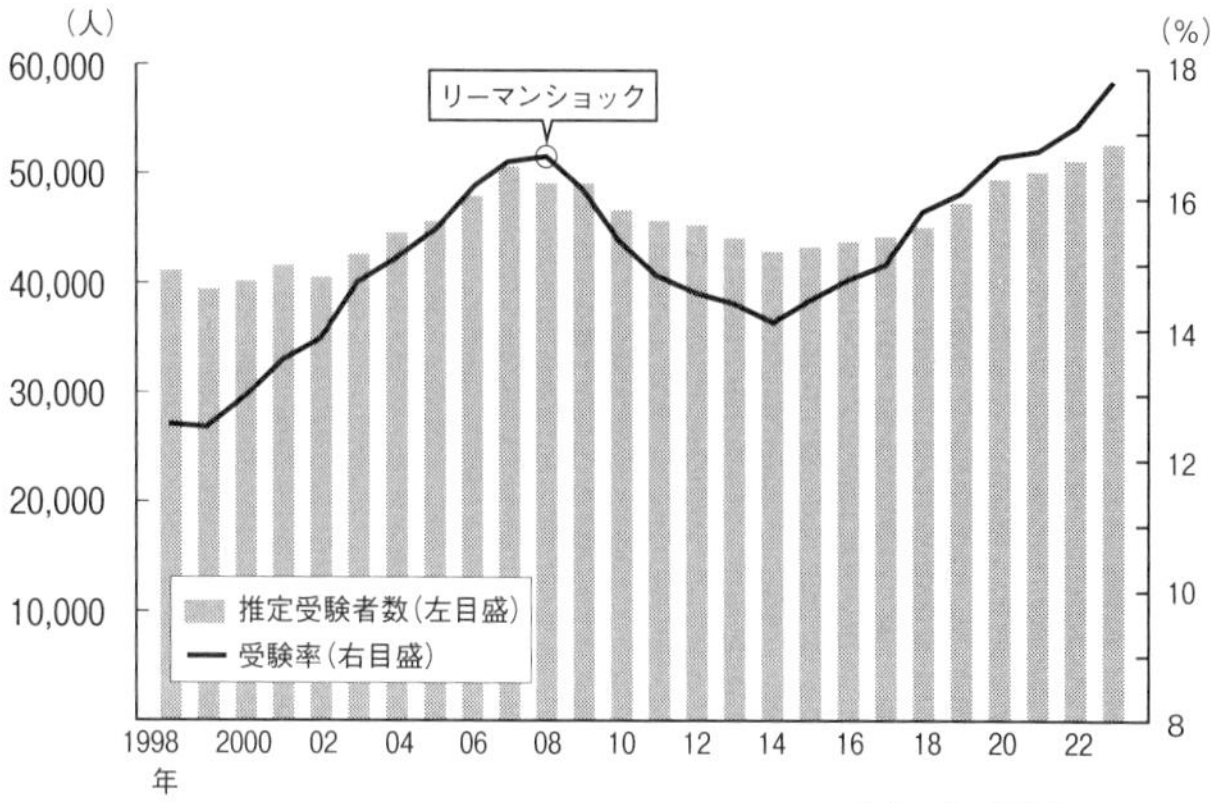

出典：首都圏模試センター

ONLINE』２０２２年9月17日）
〈″タワマン世帯″が中学受験に参戦……首都圏中学受験が人気を博す「４つの理由」〉（『現代ビジネス』２０２２年11月17日）

タイトルを見るだけで、現在の中学受験熱の沸騰ぶりがわかるのではないだろうか。

一例を出せば、私が東京都世田谷区内の公立小学校に在籍していた当時（１９８０年代後半）、中学受験をするのはクラスに6、7人といったところだった。それでも全国的に見れば多い方だったはずだ。ところが30年以上経った今、同じ小学校では、クラスの半分くらいにあたる15～20人の生徒が中学受験をしている。

ここから言えるのは、社会の側で学歴があまり重視されなくなっても、親の教育熱が冷めているわけではないということだ。むしろ、地域によっては昔よりはるかに高まっているきらいさえある。えてしてそうした状況の中で、教育虐待が起こる。

なぜ、現在の日本社会で受験競争が年々過酷になっているのか。

本章では日本における教育の変遷と、親の受験熱の関係性について検討してみたい。

受験競争の熱狂

日本で受験競争が本格的に過熱するようになったのは、1970年代だったとされている。太平洋戦争の敗戦から高度経済成長期に入るまで、大方の日本人にとって学歴はさほど重要なものではなかった。1950年代までの高校進学率は60%以下、大学進学率は10%以下だったことからわかるように、高校や大学は経済的に恵まれた人や、一握りの秀才が行くところだったのだ。

これは国の産業構造によるところが大きい。戦後の日本経済を支えていたのは、農業、漁業、林業といった第一次産業や、工業や製造業といった第二次産業だった。

こうした労働では、学校の勉強よりも、職人技のような専門技能を磨くことが大事にされる。そのため、人々は高いお金と時間を費やして大学へ進学するよりも、できるだけ若いうちに社会に出て、手に職をつけることの方が有利だと考えていた。机上の勉強より、現場で実践をつむ方が効率がいいとされた時代だったのだ。

１９６０年代の高度経済成長期に入ると、このような日本の産業構造が少しずつ変わりはじめる。図４を見ればわかるように、第一次産業が急激に衰退し、都市を中心としたサービス業や情報通信業といった第三次産業が急成長していくのである。

地方で生まれ育った人々が故郷を離れ、東京や大阪といった都市に流れ込んでくるようになったのも、まさにこの時期だ。彼らが理想とした生活は、銀行、病院、テレビ局、広告代理店、商社、保険会社といった第三次産業に従事し、核家族を形成することだった。それが新しいライフスタイルだった。

このような新時代で意味を持つようになった

図４：産業別就業者数の推移（第一次～第三次産業）　年平均

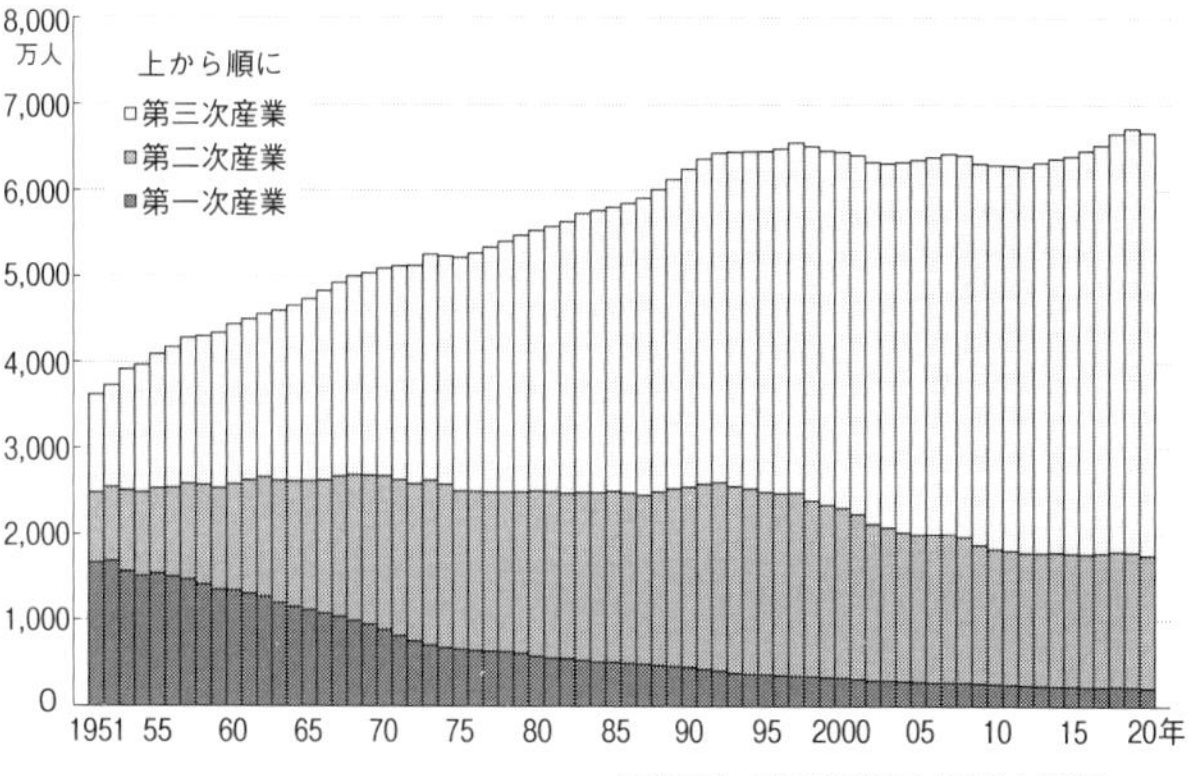

資料出所：総務省統計局「労働力調査」
出典：独立行政法人労働政策研究・研修機構

のが学歴だ。以前は農業をするにせよ、町工場で働くにせよ、地元のツテだとか、親の紹介といった血縁や地縁に基づくつながりが活用されていた。この家の子なら優秀だろう、あの人の紹介なら安心だという形で雇用が行われていたのだ。だが、都会の銀行や商社の採用試験では、血縁や地縁が切れてしまっているので、そうしたことが通用しない。代わりに人を評価する基準としてつかわれたのが学歴だった。

——この大学の学生なら優秀だろう。

——自分と同じ大学の学生なら親しくできるだろう。

——あの大学の学生なら良家の子だろう。

都会の企業やビジネスマンにとって、学歴がもっともその人を評価しやすい物差しとなったのだ。

この学歴の威光を見せつけられた世代が、焼け跡世代だった。1935年から1947年の生まれで、戦後の混乱期に子供時代を過ごした人々だ。

彼らが子供だった1940年代から1950年代、日本には現在の進学塾のようなものがほとんどなく、親たちも自身の経験から学歴をさほどありがたがっていなかった。そのため、子供たちは猛勉強を強いられることもなく、放課後は野原でかけっこをして遊んだり、ラジオやテレビの前で野球や相撲の中継に夢中になったりして自由に過ごしていた。

ところが、彼らが大学を卒業する1960年頃になると、とたんに学歴が大きな意味を持つようになる。高度経済成長を経て巨大化した企業に入るには、高い学歴が必要になり、入社した後も学閥などの形でそれが力を発揮する。それはビジネスの世界だけでなく、結婚などプライベートでも同様だった。

この世代の高学歴の人たちの多くは、今の子供と比べれば、幼少期は自由に過ごし、高校時代に少し勉強していい大学へ進んだ。彼らは社会に出て、学歴が秘める力が予想以上に大きいことを知った。逆に、低学歴の人たちは、図らずも会社の内外で苦汁をなめ、学歴コンプレックスを抱くことになった。

どちらにせよ、こうした世代の人たちが親となって子育てをするようになった時、子供に学歴をつけさせたいと考えるのは当然の心理だ。

——自分と同じように学歴という通行手形を子供に与えたい。

——わが子を低学歴で苦しんだ自分の二の舞にだけはしたくない。

——学歴は人生を左右する。

子供の数が増加してあらゆるところで競争が激しくなると、1970年代以降、親たちの焦りが社会の教育熱をより沸騰させていく。

この時代、世界では冷戦の暗雲の中で核開発や宇宙開発が進められ、ビジネスのグローバル化が進んでいた。日本は欧米に追い付け追い越せの精神で学習指導要領を改訂し、子供に対する「つめ込み教育」をスタートさせていた。学校は週休1日で土曜日の半日を除いて毎日夕方まで授業を組み、大量の知識を子供たちに暗記させた。

つめ込み教育が生んだのは、点数至上主義の考え方だ。たくさん暗記をし、テストで高得点を取った人が評価され、エリートの階段を上ることを許される。子供たちは競争を煽られた。

こうした授業は〝新幹線授業〟と呼ばれ、ついていけない子供が続出した。「落ちこぼれ」という言葉が誕生したのはこの時代だ。小学生で授業を理解しているのは7割、中学生で5割、高校生で3割といわれ、「七五三教育」とも揶揄《やゆ》された。そしてこの一部が不良となって非行に走った。

当時の不良たちの反社会的な行動は、大きな社会現象となった。全国の学校で子供たちが教師に暴力をふるう「校内暴力」が横行し、夜は特攻服に身を包んだ暴走族が道路を占領して鬱憤を晴らすように爆音を轟《とどろ》かせた。国が治安を守ろうと取り締まりに躍起になればなるほど若者たちは反抗した。

時を同じくして、第四次中東戦争やイラン革命に端を発したオイルショックによって社会には不景気の波が押し寄せていた。親はこうした社会不安の中で、うちの子だけは落ちこぼれにさせたくないと思った。なんとかわが子だけはレールの上をちゃんと歩かせ、幸せな人生を送ってもらいたい、と。

だが、年々子供の人口が膨らんでいく中、学校で横一列になって授業を受けているだけでは、激しい競争を勝ち抜くことは難しい。そこで親たちが考えたのが、学校の外で一段高いレベルの教育を受けさせることだった。

全国に〝**進学塾ブーム**〟が巻き起こり、塾通いする子供が急激に増えたのは、そんな親たちの要望が限界まで膨らんだからだ。それまで学校外の教育機関といえば、授業の補習をする家庭教師や私塾が一般的だった。進学塾がそれらと異なるのは、100%受験をターゲットにして勉強を教えることを事業とした点だった。

進学塾はビジネスのために受験熱をより煽り立て、子供だけではなく親も巻き込んでいく。メディアに登場する有識者からは、こうした社会変化が子供たちから人間らしい生活を奪い取っているという懸念の声も出はじめたが、一旦回りはじめた歯車は誰にも止めることができなかった。

1980年、そんな世相を象徴するような事件が起こる。「神奈川県金属バット両親殺害事件」だ。2浪中の予備校生が、そのストレスから両親を金属バットで撲殺するという衝撃的な事件だった。

この家の父親は、東大卒で旭硝子（現ＡＧＣ）のエリート会社員だった。大学時代はヨット部のキャプテンを務めていたそうだ。母親は専業主婦。そんな両親のもとに、少年は次男として生まれ育った。

父親は東大を卒業していたこともあって、それなりの高い学力を子供たちに求めた。兄はそれに応え、名門の早稲田大学高等学院から早大理工学部に進学して一流企業に入った。父親にしてみれば自分には劣るが、認められる範囲だっただろう。

次男の少年も頭が悪かったわけではないが、高校受験では第一志望だった早慶の附属校に落ちてしまった。彼がやむなく進学したのは、滑り止めの海城高校だった。

海城高校は早慶ほどでないにせよ、歴史ある進学校だが、少年にとっては大きな挫折だったようだ。彼は名誉挽回するには、大学受験で最高峰を目指すしかないと考えた。そして、学校の面談で次のように宣言する。

「東大を狙います」

少年が父親や兄を意識していたのは間違いない。彼は友人にも東大志望であることを語っていたという。

親も少年も滑り止めで入った高校だから、易々と上位に食い込めるはずだと思っていたが、現実はそう甘くはなかった。定期テストの成績は、クラスの底辺を彷徨《さまよ》うレベルだった。親はそれを見て愕然とし、「どういうつもりなんだ」「あなた、何してたの」と叱りつけたという。

その後も、少年は東大志望を公言して必死に勉学に勤しんだが、成績は芳しくなかった。持って生まれたものが足りなかったのか、やり方が合わなかったのかはわからない。何かが空回りしていたのだろう。

やがて高校3年の受験シーズンが到来する。少年は周りからのアドバイスを受け入れ、東大を諦め、早大を第一志望にした。早大にターゲットを絞ったのは、せめて兄と同じ大学に行かなければ、面子《メンツ》を保てないという気持ちがあったからだろう。

受験の結果は惨憺たるものだった。早大どころか滑り止めまですべてが不合格だった。少年は肩を落としつつ、親の了解を得て1年間浪人することにした。都内の予備校に通って、再び早大を目指したのである。

翌年、少年は2度目の大学受験に挑んだ。ここでも結果は惨敗だった。六大学どころか、それより下のレベルの大学も落ちた。

父親はその結果を見て、怒りをあらわにした。

「一体、お前は何を目標に勉強しているんだ。（中略）こんな調子ではいくらやっても同じだから、大学へ行くのは諦めて就職しろ。そのほうがずっと身のためだ」（佐瀬稔『金属バット殺人事件』）

少年は屈辱を噛み殺し、父親に土下座をしてもう1年浪人させてほしいと頼み込んだ。ここで諦めて就職したら、高卒として生きていかなければならない上、家族からもずっと見下されることになると思ったのだろう。

そこまでした2年目の浪人生活だったが、模試の成績は依然として低空飛行だった。早大どころか、その下のレベルの大学にも届かない。現実的に考えれば、受験する大学のレベルをかなり下げなければならなかったが、ここまでやらせてもらって、それを言いだすことはできない。

少年はこのことを相当思い悩んでいたようだ。事件後の公判で、次のように語っている。

「父は大学に関しては厳しい考え方を持っていました。明治や中央くらいが大学として認める最低線というところで、それ以下だったら行く価値がないからやめてしまえ、という感じだったので、いえなかったのです」（同）

六大学には、自分の実力では届かない。だが、それを言って理解してくれる父親でもない。

彼は精神的に行きづまり、現実から目を反らすように予備校を休みがちになる。その頃から、親の金を盗んで酒を飲むことが増えた。アルコールによって、現実逃避をしていたのだろう。だが、その間にも、受験の日は刻一刻と近づいてくる。

事件は受験の追い込みシーズンに当たる11月の終わりに起こる。その夜、父親は少年が自分のキャッシュカードをつかって現金を引き下ろしたことに気がついた。激怒して叱りつけるために2階の子供部屋へ行ったところ、少年が勉強せずにウイスキーをラッパ飲みしているのを目撃した。

父親はこう大声で罵った。

「バカ、一人前に大学にも入れないくせに、このざまは何事か。お前のような泥棒を家に置いとくわけにはいかない。出て行け！」（赤塚行雄編『青少年非行・犯罪史資料第3巻』）

少年はよほどこの言葉が堪えたのだろう。それから約3時間後、部屋にあった金属バットを手にして1階へ下りていき、父親だけでなく母親までをも撲殺するのである——。

その後、少年は逮捕され、13年の懲役刑が下された。この事件は過熱する受験競争を象徴する出来事とされ、ノンフィクション、ドキュメンタリー、ドラマ化、そして有名ロックバンドの歌の題材にまでなった。

たった1つの殺人事件が社会現象にまでなったのは、人々の注目が事件の凄惨さだけでなく、その背景にある社会で渦巻く受験競争に集まったからにちがいない。このままでは、いつか子供たちの純粋な心が壊されてしまう。多くの人が胸に抱いていたそんな懸念を、事件が示すことになったのである。

ゆとり教育幻想

こうした世相の中で、国は少しずつ教育のあり方を見直す議論をするようになっていく。従来型のつめ込み教育は、落ちこぼれを非行に走らせるばかりか、優等生の人格をもゆがめるものになりつつある。ならば、学校教育にもっと余白をつくり、子供たちが伸び伸びと自主性を持って学業に取り組めるように仕向けるべきではないかと考えだしたのだ。

方針転換の背景には、日本が世界第2位の経済大国になり、一定の地位を築いたこともあった。それまでのように欧米に追い付け追い越せでつめ込み教育をやる時代から、子供の自主性を伸ばして独創的な発展を目指す時期に差し掛かっていると判断したのだ。

1980年代に入り、国は学習指導要領を大幅に改訂し、段階的に授業時間数や学習内容を減らしていくことにした。また、主要5教科だけでなく、道徳の授業に重きを置いて、人間形成を促そうとした。目指したのは、子供たちが自ら学び、考える力を養うための教育だった。

国の方針は明確だったし、学校での授業のやり方にもはっきりとした変化が現れた。私はちょうどこの頃に義務教育を受けていた年齢だが、月に1度の週休5日制が導入されるなど、学校の勉強が楽になりつつあるという実感は確実にあった。

だが、こうした国の方針が、社会で煮えたぎる受験熱を冷ますことにはつながらなかった。いや、むしろどんどんヒートアップしていたとさえいえるかもしれない。世間には学歴主義が色濃く残っていた上に、女性の社会参加に伴って大学進学率も増加。そして進学塾や予備校は空前のバブルの中で親や子供を煽っていた。

このことは、通塾率の伸びから裏づけることができる。国の調査によれば、1976年の通塾率は小学生で12・0%、中学生で38・0%だったのが、1985年には小学生で16・5%、中学生で44・5%に。さらに1993年には小学生で23・6%、中学生で59・5%にまで高まっているのである。

当時の教育虐待は、こうした時代背景の中で起きていたといえるだろう。先述の飯島愛さんや小島慶子さんらがまさにこの時期に思春期を迎えていたことからもわかるはずだ。2人はともに1972年生まれなので、親から中学受験を強いられていたのは、1980年代半ばである。

また、彼女らよりちょうど10歳下で、1990年代半ばに思春期を過ごした1人の男性がいる。加藤智大。そう、2008年6月8日に起きた「秋葉原無差別殺傷事件」の犯人だ。

事件当時25歳だった加藤は、低賃金の仕事を転々としながら、ネットの書き込みに生きがいを見いだす高卒のフリーターだった。いくら残業をしても手取りはわずかで、友だちもいなかった。彼はそんな先の見えない生活に絶望し、自殺願望と社会への怒りを膨らませていく。

6月、ネットの掲示板に犯行予告を書き込んだ彼は、レンタカー店で2トントラックを借りて東京の秋葉原へ。そして日曜でにぎわっていた交差点へトラックで突っ込んで次々と人をはねた後、ダガーナイフを握りしめて、逃げ惑う人たちを追いかけて切りつけていった。負傷者10人、死者7人を出した無差別殺傷事件で、加藤は死刑を宣告されることになった（2022年に執行）。

実はこの加藤も教育虐待のサバイバーだった。

加藤の両親は、ともに青森出身の高卒で金融会社に就職した経歴を持っていた。結婚後、専業主婦となった母親は子供を厳しくしつけた。加藤が食事の用意でキャベツの盛り付けをミスしただけで2階の窓から突き落とそうとしたり、食べるのが遅いという理由でチラシの上に食事をぶちまけて食べろと命じられたりしたそうだ。勉強でも同じで、風呂で九九の暗唱を間違えると、頭を押さえられてお湯に沈められたという。

親戚の目にもそれは異常と映っていたようだ。親類は次のように語っている。

「『もう少しおおらかに育てたらどうか』と、忠告したことがあるのですが、教育には一切口を出さないでくれ、と両親にクギを刺されました。それ以来、一度も子どもを連れてきたことがないんです。それくらい徹底した教育でした」（「『殺人鬼』加藤智大容疑者を凶行に駆り立てた親の期待と確執」『サンデー毎日』２００８年6月29日号）

誰の目にも虐待だと見えるほど、親の教育はエスカレートしていたのだろう。

中学卒業後、加藤は県内の名門である青森高校に入学した。だが、強いられた勉強に興味を抱くことはできず、入学早々に勉強をしなくなり、エリートコースを外れていく。そして劣等感を膨らませ、事件を引き起こすのだ。

社会の受験競争の激しさと教育虐待の件数は、必ずしも比例するわけではない。それは第4章で述べるように、親が教育虐待をする理由が多岐にわたっているからだ。ただし、加藤らの例を見れば、バブルの前後の日本社会にも陰惨な教育虐待が横行していたといえるだろう。

20世紀が終わりを迎えた頃、日本にはかつてないほどの社会不安が渦巻いていた。バブルの崩壊からつづく大不況は一向に終わりが見えず、大企業の倒産や大規模リストラが相次いでいた。

また、高学歴の人々が洗脳されて引き起こしたオウム真理教による地下鉄サリン事件（１９９５年）や、14歳の少年が犯行声明文に学校への恨みを書き綴って引き起こした神戸連続児童殺傷事件（１９９７年）などが社会を震撼させた。これらの事件によって「心の闇」という言葉が注目されるようになり、学校教育に対する不信感がこれまでにないほど高まっていた。

国は1980年代から行ってきた教育改革が不十分だったことを認めざるをえなかった。子供たちが激しい受験競争に疲弊している現実はなおもつづいており、理想としていた自主性を育む教育は満足に行われているとは言い難かった。

そうしたことを受け、国は10年に一度の学習指導要領の改訂にあたり、新しい学習指導要領でそれまで少しずつ行ってきた改革を一気に推し進める方針を打ち出す。本格的な「ゆとり教育」を開始したのである（それまでもゆとり教育という言葉が用いられていたが、それが一般に普及していない時点で失敗だったといえる）。

2002年から学校に導入されたゆとり教育は、教科書の内容を厳選し、授業時間を大幅に削減し、完全週休5日制にするというものだった。新しい教育の目玉は、「総合的な学習の時間」。教科に留まらない探究的な学習を通して、子供の資質や能力を育成するためのものだった。

ゆとり教育推進派の人々は、この改革によって、子供たちは強制的な競争から脱し、自らの自由な意思で学習し、複雑な社会を生き抜く力を養えるようになるだろうと信じていた。それは子供たちの心を豊かにし、健全な人格形成を促すことになるはずだった。

ところが、国の目論見はまたもや外れ、世間ではまったく異なる現象が起こりはじめる。ゆとり教育が導入される前から、学校や保護者の間で学力低下を危ぶむ声が上がるようになったのだ。

当時、保護者たちの間で広まった噂に、「円周率が3・14ではなく、3として教えられる」「教科書が3分の1の薄さになる」というものがあった。これは事実に反する懸念だったが、逆に言えばそうしたことが囁かれるほど保護者たちはゆとり教育に不信感を抱いていたのである。

――公立の学校にうちの子を任せることはできない。

そう考えた親たちは、小学受験や中学受験によって子供たちを私立校へ入学させようと考えた。公立校が当てにならないなら、きちんと勉強を教えてくれる私立校に入れ、子供たちを一流大学へ進学させようとしたのだ。

2000年代、こうした社会背景の中で〝**中学受験ブーム**〟が巻き起こった。2000年には13％だった中学受験率は上がりつづけ、2008年には16・6％にまでなった。これは、親がゆとり教育にNOをつきつけたことを示しているといえるだろう。

いうまでもなく、中学受験の方が高校受験よりも子供にかかるプレッシャーは大きい。学力レベルが高い子供たちが受けるので競争が熾烈であることに加え、年齢が低いので親の支配下に置かれやすいためだ。そして家庭の中で教育虐待が行われても、それがなかなか表面化しない。

こうした時代を象徴する教育虐待事件が起きたのは、ゆとり教育全盛期の2006年だった。16歳の高校1年の少年による「奈良県エリート少年自宅放火事件」である。

加害者の少年が奈良県で長男として生まれたのは、1990年のことだ。父親は私立の医大を卒業して総合病院に勤めていた勤務医、母親は開業医の家で育って薬科大を卒業していた。

2人はお見合いによる結婚で、長男につづいて長女ももうけた。父親は粗暴な性格で、結婚当初から妻に対して理不尽なDVをくり返していた。特にわが子に対するしつけに異様な執着を見せ、妻にまで「子供への教育が悪い」などと言って暴力をふるった。

そんな結婚生活が長続きするわけもなかった。妻が夫のDVから逃れるために、長女を連れて家を出たのである。当時4歳だった長男の少年だけが父親のもとに残された。その後の離婚協議の末、父親が少年の親権を、母親が長女の親権を持ち、別々に育てることになった。

少年が小学校に上がって間もなく、父親は別の女性と再婚することになる。今度の相手は医師だった（後に、彼女との間には少年の異母弟妹に当たる男児と女児が生まれる）。父親は新しい妻が同じ医者だったせいか、前妻に対して行ったほどはDVをしなかったようだ。

だが、その分だけ彼の暴力性は少年に向けられた。

父親の逸脱した言動は、主に勉強を介した教育虐待として現れた。父親は少年に「医者になれ」と厳命し、病院から帰るとすぐにマンツーマンで勉強を教えた。難解なドリルを買ってきてつきっきりで指導するのだが、解答を間違えるなど気に入らないことがあれば「なんでそんなんできへんのや！」と怒鳴ったり殴ったりした。

虐待の残虐な実態については、第1章で少年が解答に手間取ったのを理由に、この父親がシャープペンシルを彼の頭に突き刺したことを紹介したが、そのような度を超した暴力が子供部屋で日常的に行われていたのである。

少年が中学受験で挑んだのは、奈良県内では随一の名門校である東大寺学園だった。幼い頃から勉強づけにさせられていたこともあり、結果は合格だった。

中学へ入った後も、父親とのマンツーマン指導はつづいた。関西圏全体でも屈指の進学校に入れたとはいえ、まだ医学部合格へのファーストステップを踏んだにすぎない。ここからどれだけ努力するかが勝負だと父親は少年を焚きつけた。

だが、高いレベルの学校で優秀な成績を収めるのは簡単なことではない。入学当初は下位だった成績を、卒業するまでにはなんとか中位にまで上げたが、いかんせん父親に殴られながらやる勉強は効率のいいものではなく、父親が理想とする成績にはほど遠かった。

父親はそんな少年に対していら立ちを募らせ、さらに鞭打つようになる。怒鳴りつけ、物を投げ、足蹴にする。少年の胸には父親への恐怖心が膨らみ、ただただ逃げ出したいという思いに駆られていった。

事件が起きたのは、高校1年の6月のことだった。英語の定期テストが返却された時、彼は点数を見て愕然とした。51点だったのである。平均点は70・6点だから20点ほど下回ったことになる。

少年は青ざめた。父親にこの点数を知られれば、どんな目に遭わされることか。これまでのような暴力では済まないはずだ。それまで散々受けてきた凄惨な仕打ちがフラッシュバックのように脳裏を過《よぎ》ったにちがいない。

彼の頭に浮かんだのは、テストの点数を知った父親に暴力をふるわれるくらいなら、その前に殺してしまおうというものだった。精神的に追いつめられ、冷静に物事を考えられなくなっていたのだ。

6月20日、少年は計画を決行する。この日は父親が不在で、家には継母と幼い弟妹しかいなかった。だが、混乱状態の中で、すべてを消し去って現状から逃げ出したいという思いに駆られていた彼は、午前5時頃、自宅に油をまいて火をつけ、わずかな所持金を持って逃走したのだ。

木造の家は瞬く間に炎に包まれ、２階の寝室をも焼き尽くした。そしてそこで眠っていた継母と異母弟妹の命を奪ったのである。弟は7歳、妹はまだ5歳だった。

少年が自宅から60キロほど離れた京都の路上で逮捕されたのは、それから2日後の朝だった。その後、少年は家庭裁判所の審判で少年院送致が決まった。

この事件は、医者の親による過激なスパルタ教育に光が当たり、大きな話題になった。メディアが報じた虐待の実態は、26年前に起きた神奈川県金属バット両親殺害事件のケースをはるかに上回る悲惨なものであり、少なくとも一部の子供たちが国が目指している理想的な教育環境とは対極的なところで生きていることを示したといえる。

大学全入時代

世間で様々な議論を起こしたゆとり教育は、２０１７〜２０１９年の学習指導要領の改訂とともに終わりを迎えた。

国が取り組んだのは、グローバル化と情報化が進む未来の社会に合った教育だった。ゆとり教育への批判を踏まえて、主要教科の授業時間を10％ほど増加させ、さらに小学校での外国語教育やプログラミング教育といった新しい教育を導入した。

この頃、大学受験をめぐる状況は、一時代前とはまったく別物になっていた。長年にわたる激しい受験競争やライフスタイルの変化による大学進学率の大幅な増加に伴って、１９７０年代には４００校ほどだった大学数は、２倍となる８００校ほどにまで膨らんだのである。

少子化の時代において、これはかならずしも歓迎すべきことではない。結果として起きたのが大学の定員割れという現象だった。日本の私立大学の40％以上が、入学者数が定員に届かないという事態に陥ったのだ。

全国で定員割れが起こる中で生まれたのが、〝**大学全入時代**〟という現象だった。大学入学希望者の数が、入学総定員数を下回ることが現実味を帯びてきたのだ。つまり、希望すれば、誰もが大学へ進学することができるようになったのである。

現に、大学が経営を維持するために、日本語をまともに話すことができない外国人を合格させたり、サポート体制が整っていないのに聾唖《ろうあ》や盲《もう》の学生を合格させて放ったらかしにしたりする状況を、私は取材現場で数多く見てきた。

このような時代の中で、一流大学を目指す形で行われる従来型の教育虐待とは異なる、新たな教育虐待が誕生した。

１つが、名門大学というより、医学部など専門性の高い大学や学部へ入れようとして起こる教育虐待だ。

日本は世界に類を見ない少子高齢化の時代を迎え、不景気の出口がまったく見えない状況になっている。中小企業の多くは自転車操業を余儀なくされ、上場企業の社員でさえ10年後の会社の存続をあやぶんでいる。さらには、地方公務員までもが自治体の財政破綻とともに失業するのではないかと怯えている実態がある。

こうした社会的な空気の中で大学全入時代を迎えた時、親は子供に学歴だけでなく、資格を手に入れさせたいと考える。できれば、一度取得すれば生涯にわたって仕事に困らない資格がいい。

日本に数ある資格の中で、もっとも大きな安定と収入を約束してくれるものの1つは医師免許だろう。近年、名門進学校の中で、東大の文学部に行くより、地方や私大の医学部を目指した方がいいという風潮が高まっているのはそのためだ。学歴の影響力が弱まるにつれ、資格が持つ力の方に目が向くようになっているのだ。

医学部の受験者数は20年前と比べると増えているが、それだけでは医学部人気の実態は測れない。特に医学部と教育虐待が絡む場合、多くは小中学生の段階から行き過ぎた教育が行われ、途中で挫折すれば受験者数には反映されないからだ。

プロローグで紹介した医学部9浪母親殺害事件は、医学部に対する過剰なまでの期待が虐待を生んだ典型的な例だろう。

母親は、娘ののぞみがまだ幼少の頃から医者にさせたいと考えてきた。そして、ことあるごとに「医者になりなさい」と言い、通信教材を買い与えて勉強をさせた。のぞみは9浪を経ても医学部に合格することができず看護学科に進学し、ついには支配から逃れるために母親を殺害するという事件を起こした。

なぜ、母親はそこまでして娘の医学部進学にこだわったのか。母親亡き今、真相は藪の中だが、のぞみは共同通信の記者との面会の中で、母親を教育虐待へと駆り立てた理由を次のように述べている。

「母はいわゆる教育ママでした。公立高校が進学校とされて、そこから東大や国公立医学部に行くのが滋賀県民のエリートコースだと言い聞かされていました。母はそのレールに私を乗せようとしました。母は工業高校を卒業したそうです。最終学歴が高卒であることを悔やんでいると何百回も聞かされました。学歴コンプレックスがあったのだと思います」(「医学部受験で9年浪人〝教育虐待〟の果てに…母殺害の裁判で浮かび上がった親子の実態」『47NEWS』2021年3月15日)

「母の友人にNさんがいます。少し母より成績が劣っていたようですが、看護学校に行き、現在も看護師としてばりばり働いているそうです。母からは、看護師は介護士のように下の世話もしなければならない過酷な仕事と聞かされていました。今でこそ、新型コロナ流行もあって社会的に意義のある仕事というイメージがついていますが…。それから、母の実母の再婚相手が歯科医でした。医者が社会的に認められているのを肌で感じていたのかもしれません。まとめると、母は自分の学歴へのコンプレックス、看護師への偏見、医師への尊敬があったのだと思います」（同）

母親は学歴コンプレックスを抱きながら、ほとんど女手一つで娘を育ててきた。その中で、信頼できるものは医師免許しかないと思い込み、何が何でも娘を医学部へ通わせたがったのだろう。

それ以外にも、最近は子供を大学の附属校に入れた上で、高校生のうちから司法試験や公認会計士の資格取得の勉強をさせたり、予備校の代わりにそうした専門学校へ行かせたりすることがある。親だけでなく、高校側がそれを推奨することもある。それが一部で教育虐待の萌芽となる。

こう見ていくと、大学全入時代において行われる教育虐待の新たな形が見えてくるのではないか。

もう1つ、大学全入時代で起こる教育虐待として挙げられるのは、特性や障害を持つ子供たちに対する受験の強制だ。

人が持つあらゆる能力には差があり、勉強においても得意不得意があることは先述の通りだ。努力や環境によって埋められるくらいの差であればいいが、明らかにＩＱが低かったり、学習障害のような傾向があったりすると、どれだけ勉強しても一定以上の成果を出すことができない。

かつて大学が狭き門であり、進学率が低かった時代には、大人たちは勉強が苦手な子供には大学進学ではなく、別の進路を勧めた。義務教育を終えたら、料亭や陶芸の親方に弟子入りして修業を重ねて手に職をつけるとか、農業高校や専門学校に進んで労働に直結する知識や資格を取るといった選択だ。そのため、彼らは早い段階でつめ込み型の点数至上主義から距離を置くことができた。

ところが、高校進学率が98%を超え、大学全入時代になった今は、そうした状況が変わりつつある。誰もが大学進学できるようになったことで、子供の能力や特性にかかわりなく、進路は大学への進学一択という状況が生まれてきているのだ。

これに対して、大学の教員から次のような意見を聞くことも少なくない。

「大学全入時代が必ずしもよいことだとは言えません。子供の中には勉強とは違うことが得意な人がいますよね。たとえば勉強はまったくできないけど、職人みたいに細かな手作業が大好きという人です。そういう人まで大学に進学できてしまうということは、彼らまで大学進学を目指さざるをえなくなり、その成績で評価が下されてしまうことになりかねません。それはむしろ彼らにとって不利となることもあるのではないでしょうか」

私もこのような背景で教育虐待を受けた男の子に出会ったことがある。

この男の子は生まれつきの難聴だった。補聴器をつけても会話を聞き取ることはあまりできず、コミュニケーションを取る時はもっぱら口の動きによって言葉を読む読唇術に頼っていた。

両親はこのことを把握していたが、厳しい父親の方針で聾学校ではなく、通常の学校に通わせ、健常者の生徒とまったく同じ形で授業を受けさせた。だが、先生の言葉がうまく聞こえなければ、できるものもできるようにならない。

父親はそんな息子をいたわるどころか、こう言いつづけた。

「社会に出たら耳の聞こえる人たちと戦って勝ち抜かなければならないんだ。難聴のことなんて誰も気にかけてはくれない。だから、今のうちから必死に努力して同級生たちと戦うことに慣れていかなければならないんだぞ」

そして彼は週4日の塾通いに加えて家庭教師までつけられ、土日は丸一日父親がつきっきりで勉強を教えたそうだ。

子供の中にはそれによって成績を伸ばす者もいるだろう。だが、この男の子は勉強にまったく興味を持てなかった。それなのに、塾や家庭での勉強は正月休みさえ与えられず、365日欠かさずやらされたという。

男の子は次のように教えてくれた。

「お父さんはテレビで難聴の人が大学へ通っているドキュメンタリーを見てすごく影響を受けたみたいです。その番組を録画して何度も僕に見せ、耳が悪くても関係ないんだ、大学へ行けと言ってきました。

その人が行っている大学はそんなにレベルの高いところじゃありませんでした。だから、お父さんは僕がそれより偏差値の高い大学に行けると思っていたみたいです。お父さんは同志社大の出身だったので、よく『俺の時代より関関同立はレベルが下がっているから、お前でも入れるはずだ』って言ってました。最終的には大学を卒業して公務員になってもらいたかったみたいです」

男の子は、勉強が苦手なことを自覚しており、専門学校へ進んでプログラミングを習いたいと考えていたようだ。それが自分の特性に合っているという思いがあった。

だが、父親はそれを認めず大学進学を命じた。大卒で公務員になれば、難聴でも不利にならないと考えたのだろうか。そのせいで、中学3年の時、男の子は心を病み、大学どころか、高校進学も諦めなければならなくなった。早い段階で専門学校への進学を認めてもらえていればそうはなっていなかっただろう。

このケースもまた、大学全入時代ならではの教育虐待といえる。

大学全入時代とは、進学希望者数が定員を下回ったことを示す言葉にすぎない。しかし、親がそれを誰もが大学に入らなければならない時代と勘違いした時に、こうした悲劇が起こる。そういう意味では、大学全入時代によって教育虐待が起こりやすい時代になったとも考えられるのかもしれない。

このように、１９７０年代から本格的に始まった受験競争の歴史を見ながら考えていくと、社会の変化の中でどのように親のゆがんだ教育熱が生まれるかが見えてくるのではないだろうか。

親は国の施策に煽り立てられ、あるいは逆に抗うことによって、子供に行き過ぎた教育を強いることがある。それが大学全入時代を迎えた今も、そしてその先もつづく可能性があることを、私たちは深刻に受け止めなければならない。

第4章

「あなたのため」というエゴイズム

――虐待親の心理

虐待のトリガー

国は教育に関する様々な施策の中で親を翻弄し、教育虐待の萌芽を生んできたといえる。それが国が意図することでなかったとしても、大勢の子供が過度な教育を強いられてきたのは事実だ。

教育虐待の厄介なところは、親が極めて独善的であることだ。親としての当然の義務を果たしているだけで、自分の行いは社会的に正しいものなのだ、と主張する。

親はなぜ、教育虐待を正義と言い切ることができるのか。日経DUALの取材では、次の4つの背景が示されている（『「勉強しなさい！」エスカレートすれば教育虐待』）。

・**親が「義務教育」の意味を取り違えている**……社会が子供に勉強の機会を与えることが教育の義務なのに、子供が勉強することが義務だという誤った通念がある。

・**「減点主義」の価値観や、偏差値絶対主義が蔓延している**……いい大学に進学すれば、大企業に就職でき、一生幸せに暮らせるという考えが幅を利かせている。

・**「経済的自立」だけを重視し、「精神的自立」が後回しになっている**……子供の気持ちを尊重するより、エリートコースに乗せることが優先される。

・**親が自分の満たせなかった夢を子供に託してしまっている**……本当はもっと上に行きたかったという気持ちを、子供をつかって満たそうとする。

前提として、教育虐待をする親は、学歴を過大評価している。学歴が人生において万能な通行手形になるとか、お嬢様学校などの名門へ行けば娘のステイタスが上がると信じて疑わない。だから、鞭打ってでも子供に勉強させることは正当なのだという理屈になる。

その背景には、社会の中で子育てにおける親の役割が変化していることもあるだろう。昔は「親はなくとも子は育つ」と言われていたように、子育ては子供の主体性を第一に置いて地域全体で行うものだった。現在は反対に、「子供は親が育てるもの」という考えのもとで、親が多大なコストを払ってするものになってしまっている。

仮にそういう時代が到来していたとしても、親は受験勉強だけでなくスポーツ、芸術、遊び、友人関係、自然など多岐にわたる分野で相応の経験をつませるべきだ。だが、一部の親は学業に一点集中し、多くの金と時間をかけようとする。学業の方が点数として現れるので他と比べて結果が可視化されやすいということもあるだろう。同じことはスポーツにおいても当てはまる。

こういう親にとっては、子供を偏差値の高い大学へ行かせることが、そのまま親の実績となる。子供を名門校へ合格させれば、〝優秀な親〟として鼻高々になれるという考えがまさにそれだ。その背景には、メディアが、子供を東大へ行かせた母親をカリスマママとしてもてはやす影響も少なからずあるはずだ。

ある進学塾では、子供を名門校に合格させた親だけが集まる「親の会」があるそうだ。親たちはそこで勝者としての栄誉を分かち合い、何年にもわたって合格発表の日の喜びに浸るという。進学塾の側も親を褒めたたえ、入塾説明会に保護者代表として体験を語ってもらう。ここで示されるのは、どこまでいっても親本位の受験だ。

とはいえ、現実的な見方をすれば、これは現代の一定数の親が、多かれ少なかれ持っている感覚ともいえるのではないだろうか。

学歴がすべてではないとはいえ、官僚など社会の一部ではまだそうした価値観は生きているし、学力が高いに越したことはない。やさしさや勇気といった目に見えないものより、学力というすぐに測れる力を伸ばしたがる気持ちもわからないではない。

そういう意味では、私は親が子供の受験に熱を注ぐことを真っ向から否定するつもりはまったくない。特に子供が本当にやる気であれば、受験は親に対する信頼感を生むし、人生を渡っていく上での自信にもなる。

本書で問題としているのは、あくまで一方通行で親が勉強を強いることによって引き起こされる教育虐待だ。教育が暴力に変わるメカニズムやリスクこそ、考えなければならない点なのである。

当たり前のことだが、私は教育熱心な親がみな教育虐待をするとは毛頭思っていない。むしろ、そんなことをするのはごく一握りだ。

では、教育虐待をする親と、そうでない親とでは一体何が違うのか。その分岐点はどこにあるのか。

今回取材をした人の中に、予備校のチューターを5年、高校の教員を9年、子供のカウンセラーを12年やってきた岡島忠子がいる。彼女は子供や親を通して教育虐待の現場を数多く見てきた。その経験から次のように述べる。

「昔から、日本社会には教育を過剰に強いる要素はありました。日本の教育のあり方や、親に対する評価指標が根本から変わらない限り、それは今後もつづくでしょう。

でもだからといって、すべての親が教育虐待をするわけではありません。それをする親には、社会背景に加えて、個別の要因を持っているケースが大半です。その親が教育に関するトラウマを抱えているとか、生活環境の中で思考を狭められているとか、障害があるといったことです。

単に教育に口うるさい親なのか、それが虐待にまで発展する親なのかの分かれ道は、そうした個別の要因があるかどうかなのです」

くり返しになるが、教育熱心な親と、教育虐待をする親とでは異なる。**教育熱がエスカレートして虐待にまで発展するかどうかは、親が固有の因子を持っているかどうかにかかっているというのだ。**

教育虐待を引き起こすトリガーとは何か。虐待親の内面に光を当てることで、それを考えてみたい。

子供をリベンジの手段とする親

そもそも教育とは、子供が大人になった時に、社会で生き抜く力を養うために行われるものだ。

社会で生き抜く力は学力一辺倒ではつかず、自然に触れて情操を育む、人とかかわってコミュニケーション力を磨く、文化や芸術を通して想像力を膨らます、他者と1つの壁を乗り越えることで協調性を手に入れるといった複合的な経験によって培われる。子供はそうした総合的な力を身につけて初めて、自分の意志で社会へ羽ばたき、自立して生きていけるようになる。この点において、教育は子供主体であるべきなのだ。

だが、教育虐待をする親は、根本のところでそれをはき違えている。子供の教育が、親の自己目的を実現する手段となることがあるのだ。子供のためではなく、親のためのものになってしまうのである。

岡島が典型的な形で現れるものとして挙げるのが、**学歴コンプレックスへのリベンジ型虐待**だ。岡島は言う。

「教育虐待をする親でよくあるのが、学歴に大きなコンプレックスを持っているタイプの人です。彼らは子供に勉強をさせる理由として『自分が低学歴で肩身の狭い思いをしたから、子供を二の舞にしたくない』と言うのですが、実際は子供をつかって自分の積年の屈辱を晴らそうとしているのです。これまで自分が学歴でつらい思いをしてきたから、子供をいい大学へ入れて見返してやろうと考える。その結果、子供が自分の願う通りの成績を取らないと感情的になって『勉強しないのはクズだ』などと言って暴力をふるうのです」

冷静に考えれば、親が自分の長年の願いを子供に実現させたところで、何の意味もないはずだ。若い頃に異性にもてたかったからといって、娘を無理やり美容外科へつれていって手術を受けさせて何の得があるのだろう。

しかし、これと同じことは勉強だけでなく、スポーツや芸術でもしばしば見られる。五輪に出場できずに悔しい思いをしたから子供を金メダリストとして育てようとするとか、プロのピアニストになれなかったから子供に英才教育を施して絶対音感をつけるといったことである。子供をつかって自分の挫折体験を克服しようとするのだ。

これまで紹介した実例に当てはめれば、古谷経衡さんの父親がまさにそれだった。古谷さんの父親は帯広畜産大の出身だったそうだ。その後、札幌医科大学の修士・博士課程に進んだが、北海道の名門である北海道大学卒の肩書を手に入れられなかったことに大きな劣等感を抱いていた。

父親は家庭に帰ってくると、同じ職場の二流大学出身者を口汚くこき下ろし、わが子には絶対に北大に行くようにと口を酸っぱくして語った。そして子供の教育のためにと言って、わざわざ北大進学率の高い札幌西高がある学区へ引っ越した。ここまでした時点で、父親にとっては子供の北大進学は何が何でも実現しなければならない責務となっていたにちがいない。

しかし、古谷さんはそこまで勉強に興味を持てず、親が期待していた札幌西高への進学も叶わなかった。父親はそんな息子に怒り狂って罵倒を浴びせかけ、進学した高校で上位5％に食い込んで、何としてでも北大へ進学するよう厳命した。そして満足のいかない子供の成績を見ては厳しい言葉を投げかけた。

そんな高校時代を過ごす中で、古谷さんは先述したようにパニック障害を発症し、勉強どころではなくなった。それでも父親は息子が悪い成績を取って帰ってくると、「ゴミ、クズ、低能」「お前にかけたカネを返せ！」と悪態の限りを尽くした。そして北大進学が絶望的だと知るや否や、母親と共に徹底的な暴力や嫌がらせをくり返したという。

詳しくは古谷さんの著書『毒親と絶縁する』をお読みいただきたいと思うが、この父親は学歴コンプレックスから教育虐待をする典型的なタイプといえるだろう。

父親は自分がなしえなかったことを息子をつかって果たそうとしたが、それが実現しないと見ると、一転して息子を逆恨みして暴力をふるう。子供の教育のためと言いながら、こういう親はどこまでも子供を復讐のための道具、あるいは鬱憤のはけ口としか考えていないのだ。

古谷さんの親はそれなりに学歴のある人だったが、逆のパターンで同じような虐待をする親もいる。私が取材でしばしば出会うのが、子供の頃に教育を受けさせてもらえなかった親が、子供に過剰な教育を強いるケースだ。

親が十分な教育を受けられなかった理由は様々だ。家庭が貧しく高校進学を断念させられた、親の介護によって高校を中退せざるをえなかった、親が大学教育は必要ないという考え方だった……。

彼らに共通するのは、低学歴によって社会で冷遇されたという被害者意識だ。彼らはそうした体験から親や社会に恨みを募らせ、自分が親になった時に子供を高学歴にさせようと必死になる。

私が出会ったスナックで働くシングルマザーの女性がいた。彼女は低所得の家で育ち、中学卒業と同時にファミリーレストランで働きはじめ、半年後には高い収入を求めて水商売に身を投じた。親がギャンブル依存で、幼い弟と妹を育てるためには自分が1日でも早く社会に出て稼がなければならなかったのだ。

20代半ばになって彼女は夜の店で知り合った男性と結婚し、家を出た。間もなく娘が生まれたが、夫との関係が悪化、3年ほどで離婚することになった。その際、娘の親権をどちらが取るかで争いになった。夫の親からは「中卒の水商売の女に子育てはできない」などと嫌味を言われたが、なんとか親権を手に入れた。

シングルマザーとして新しい人生をスタートさせた時、彼女は娘を絶対に有名大学へ行かせて、周りの人間を見返そうと決心した。自分が進学できなかった悔しさや、水商売でしか子供を育てられない不条理、義理の親を見返したいという思いが、彼女をそのように駆り立てたのだろう。そして生活費をギリギリまで切りつめて娘の英才教育をはじめた。

娘の学力は理想通りには上がらなかった。だが、それに反比例して、彼女の娘に対する要求は上がっていった。ここまで自分が働き、大金を費やしているのに、なぜテストで高得点が取れないのか、なぜのんびりとできるのか、なぜ勉強以外のことに興味を持てるのか。あらゆることが許せなくなり、暴力をふるうようになった。

「私がどれだけあなたに尽くしていると思っているの！」

そう言って日に何度も手を上げた。

私が彼女を知ったのは、それが虐待事案に発展したためだ。学校の教員からの通報で、児童相談所が介入。彼女のやっていることが虐待であると認定され、娘の一時保護が決まったのである。彼女は虐待を否定していたが、娘の体には複数の外傷が残っており、その主張は退けられた。

古谷さんの父親の例、そしてこの女性の例からわかるのは、親が自分のリベンジの手段として子供に勉強をさせることのリスクの大きさだろう。

受験勉強が親のリベンジの手段となった瞬間、目的は何が何でも果たさなければならないものになる。そこには子供が勉強を好きとか嫌いとか、生まれつきの能力が高いとか低いとかいったことは関係ない。親は子供をつかって目的を達成しようとすることしか考えられなくなっている。だからこそ、親は自分の望みを押し付け、暴力でもって子供を従属させせようとするのだ。

さらに岡島が挙げるのが、**社会的ステイタスのリベンジ型虐待**だ。岡島は言う。

「エリート意識を持っている親に当てはまるのですが、彼らは社会で活躍することに大きなプライドを持っています。仕事をやっている自分が大好きで、職場こそ自分がもっとも輝ける場所だと考えている。

その人たちが社会で活躍しているうちはいいのですが、結婚を機に仕事を取り上げられ、専業主婦（主夫）になったりすると、ぽっかりと心に穴が開いてしまう。そうなると、彼らは今の生活の中でそれを埋めようとします。

親が子供の教育に心血を注ぐのはそうした時です。子供を一流校へ進学させることが自分のステイタスを上げることにつながると考える。社会人として活躍できないなら、優秀な専業主婦（主夫）になろうとするのです。

でも、それがうまくいくとは限りません。すると、親は自分は仕事を辞めてまで子供に尽くしているのに、なぜ期待に応えてくれないのかと怒りはじめる。『なんでここまでやっているのに、あなたはやろうとしないの！』という怒り方ですね。それが暴力につながるのです」

社会で活躍していた人にとって、一線を退くことには忸怩《じくじ》たる思いがあるだろう。だからこそ、あり余る情熱を子供の教育に注ごうとするのだが、時にその行き過ぎた思いが教育虐待につながるのだ。

児童自立支援施設を取材した時に、まさにそのような理由で教育虐待を受けた子供に出会った。

母親は学力レベルの高い私立高校の教師をしていたそうだ。九州の山奥で育ち、早くに父親を失っていたというので、かなり苦学したのだろう。彼女は教師という職業に誇りを持ち、一流大学へ生徒を進学させることに生きがいを感じていた。

だが、夫が転勤の多い仕事に転職したことで、彼女は教師を辞めなければならなくなった。2年ごとに日本各地を転々とする中で、孤独な子育てに追われた。そんな彼女の生きがいは息子への教育となった。元教師というプライドがあったのか、学習塾へは行かせず、自分がマンツーマンで教えた。教材まで自分で独自開発するという力の入れようだった。

こうしたことが仇《あだ》となったのだろう。母親は息子の成績がなかなか上がらないことにいら立ちを募らせ、我を失って首を絞める、髪を引き抜くということをした。夫はほとんど介入しなかったらしい。仕事を辞めさせた罪悪感に加えて、元教師の妻ならしっかりやってくれるという期待があったのかもしれない。

息子のストレスが爆発したのは小学校高学年のことだった。彼は登下校中に見知らぬ子供に暴力をふるうとか、余所《よそ》の家のポストや花壇を壊すといった問題行動を起こすようになった。そして小学校の卒業式の直前には、「笑われたように見えた」という理由で、いきなりクラスメイトを椅子で殴りつけるという事件を起こした。

学校側が聞き取りを行ったところ、息子は母親から教育虐待を受けていることを告白した。中学へ行っても彼の問題行動は収まらなかった。学校側はこれを深刻に受け止めて市などと協議。最終的に児童自立支援施設へ行くことになった。

当時、私にこの子を紹介してくれた職員は次のように話していた。

「両親がそろっていても、役割分担がはっきりしていたり、どちらかが家庭を顧みなかったりすると、虐待リスクが急に高まります。ブレーキ役がいなくなるからです。

また社会で活躍していた経験のある親は、プライドが高く、自分の考えを変えようとしません。彼の母親もそうでしたが、子供がここに送られた今でも、元教師である自分の教育の仕方は正しかったと考えているのです。旦那さんも奥さんに遠慮しているのか、それを尊重してしまう。これではいつまで経っても家庭環境は変わりません」

社会で男女が平等に活躍する時代において、家庭の事情で泣く泣く離職して子育てに専念せざるをえなくなる人がいることは事実だ。そういう親が新たな生きがいを子供の教育に見つけ、目に見える成果として成績を求めたくなる気持ちはわからないでもない。

だからといって、親の暴走が許されるわけではない。しかし、先の家族のように夫婦の役割がはっきり分かれていたり、双方がお互いの考えを尊重しすぎたりすると、一旦狂った歯車がどんどんかみ合わなくなる。

片方が社会から家庭に活躍の場を移した時、夫婦はもう一度その関係のあり方を考え直す必要があるのかもしれない。

環境が親を狂わせる

ここまで、親が抱えている劣等感や不本意な状況が、リベンジという形で子供に向いて、教育虐待が引き起こされるケースを見てきた。これはその人の個別の問題に帰因するものだ。

反対に、周囲の**同調圧力の中で引き起こされる教育虐待**がある。親を取り巻く環境が、教育虐待のトリガーになるものだ。

私がよく見聞きするのが、医師の家系で起こる教育虐待だ。医学部に合格するには非常に高い学力が求められるし、私大の医学部に進学する場合は一般家庭では払えないほどの高額な学費が必要になる。

また、親が医院を開業している場合は、子供が家業を継ぐことが期待される。医院の開業にはそれなりの資金が必要なため、開業医の中には自分の代でローンを返済して地域に溶け込み、息子に継がせた後に儲けを出そうと考える人もいる。地方ならば、町で唯一の総合病院を代々経営しているような家もあるだろう。

こうした家庭の中では、医師という職業が絶対視され、子供に跡を継がせるという空気が強くなりやすい。家族だけでなく、親族全体がそうした家系であれば、余計に同調圧力は大きくなるだろう。

すでに紹介した奈良県エリート少年自宅放火事件もその1つといえるかもしれない。少年の父親は医師であり、前妻は医師の家系で薬科大を卒業、後妻も女医だ。

家族の中では子供は当然、医師になるべきという圧力があった。父親は幼少時代から少年を医師にすると宣言し、マンツーマンで勉強を教えていた。その指導が少年に対する激しい虐待に発展していたにもかかわらず、周りがそれを止めることができなかったのは、父親の過剰な思いが正当化される素地が家族の中にあったからではないだろうか。

私は仕事がら医師の友人がたくさんいるし、偏見もまったくないが、残念ながら、フリースクール、ひきこもり、ゲーム依存といった現代の子供の問題を取材していて、親が医師だという子供と出会うことが少なくない。

それは支援をする側も同じ印象らしい。福岡県古賀市に全寮制のフリースクール「玄海」がある。代表者の嶋田聡は、もともと予備校で医学部進学クラスのチューターとして14年ほど働いた後、フリースクールを立ち上げた。それから約20年近く、毎年十数名の子供を受け入れてきたが、これまで年度を通じて一度も医師の子供が途切れたことはなく、全卒業生の1割くらいを占めているという。

日本で医師免許を持っているのは約34万人。埼玉県越谷市の人口くらいでしかない。にもかかわらず、地方の小さなフリースクールに来る子供の1割を占めるとすれば、異常な割合といえるだろう。

嶋田はこう分析する。

「なんでうちに医者の子供がここまで多いのかということはよく考えてきました。はっきりと言えるのは、医者の家庭では進路が医者一択という傾向があるのが珍しくないことでしょう。

医者の家庭の中には、他の職業の家庭と比べて、親と同じ仕事につくべきという雰囲気があります。農家なら『もう農業の時代じゃない』と言えますが、医者の家庭ではそれが言いにくい。それに、家族の他にも、地域の人たちからも『医者の子』とか『病院を継ぐんでしょ』という見方をされる。

物心ついた頃から、医者の子供はこうした空気の中で育ちます。勉強が得意で器用な子ならいいのですが、そうでなければ家族の期待、地域の人たちの目が痛くて重いものになってしまう。そうした空気の中で『もうダメ』と考えて学校へ行けなくなったり、殻にこもるようにひきこもったりしてしまうのです」

同フリースクールに通う子供の1割が医師の子供という事実を踏まえた場合、嶋田の意見を単なる印象論と片付けるべきではないだろう。

こうした親族の同調圧力に苦しむのは、子供だけでない。嫁や婿として外の家から入ってきた人たちがそれに追いつめられ、子供を虐待してしまうこともあるのだ。

医師ではないが、少年事件の取材で出会った少女の例を紹介しよう。

その家系はほぼ全員が慶應大学を卒業し、法律関係の仕事——弁護士、裁判官、法務省職員に就いていた。曾祖父が法律の分野で有名な人物であり、自分の子供たちに司法の道へ進むよう強制したことから、そういう流れができたらしい。

この一族の中に、嫁として入ってきた少女の母親だけは異なる経歴の持ち主だった。彼女は高卒で親戚の経営する美容院で働いていた時に、弁護士をしていた夫と知り合ったそうだ。一年ほど交際した後に、予期せぬ妊娠が発覚して結婚することになった。こうして生まれたのが少女とその兄だった。

親族から彼女に注がれる眼差しは、冷ややかなものだったそうだ。どこの馬の骨とも知れない高卒の美容師が妊娠を理由に転がり込んできたと受け取られていたらしい。周りからは些細なことで悪口を言われ、夫も助けてくれるどころか、ことあるごとに「お前は高卒だから」「お前は法律のことを知らないから」と見下すような言い方をした。

母親はこうした家庭の空気の中で自分の高卒という学歴にコンプレックスを募らせた。そして、何としてでも自分の子供たちは慶應に入れて、弁護士にするしかないと考えるようになる。

兄は生まれつき頭が良く、母親の期待通り慶應の附属校に合格した。だが、少女の方は違った。勉強が苦手で成績は中の下を彷徨っていた。

夫からは度々そのことで批判された。「お前の娘だから出来が悪い」とか「お前に子供の勉強を見れるだけの知識がないせいだ」と言われたのだ。親族からも同じようなことを囁かれた。

母親は焦って家庭教師をつけたり、個別指導教室へ行かせたりしたが、少女はますます勉強が嫌いになるだけだった。そしてついには塾どころか、学校にすら行かなくなる。

母親は、そんな少女に対して感情的になった。毎日のように兄と比べて彼女を大声で蔑み、「勉強しない罰」とか「学校に行かない罰」と言って、食事を出さない、お小遣いをあげない、気に入っていたバッグや服をハサミで切り裂く、何週間も口を利かないといったことをくり返した。

少女はこうした母親の態度に傷つき、憎んだ。そして中学に入って間もなく深夜徘徊をするようになり、非行に走った。

インタビューの際、少女はこう語っていた。

「私がたくさん悪いことしたり、補導されたりしたせいで、あの女（母親）は親戚中から批判されたみたい。あんたが、あんな不良娘を育てたんだって。うちのじじい（父親）もそんな風に言っていた。それで家にいづらくなって、私が16歳の時に離婚して実家にもどったんです」

母親が少女を虐待したのは事実だ。だが、この母親もまた一族の同調圧力の犠牲者といえるだろう。本当は子供を大切に育てたかったはずなのに、親族からのプレッシャーによって追いつめられ、娘を傷つけてしまったのだ。

このように親族の同調圧力は様々な形で子供を教育虐待のリスクにさらすことになる。私が少女の話を聞いていて印象に残ったことがあった。彼女は次のように話していた。

「子供時代のことでつらかったのは、親や親戚だけじゃなく、学校や塾の先生からも親が正しいっていう言い方をされたことです。私が親の悪口を言ったら、先生はみんな『高いお金を払って受験させてくれるんだから素晴らしいよ』『慶應は有名な学校だ』『弁護士はとても立派な仕事だ』って言った。もうこいつら全員〝敵〟って思いました。絶対に大人なんて信用するかって感じです」

大人は一般論で、いい成績や有名大学を賞賛することがある。そこに悪意はないはずだが、彼女のような子供にとって、その言葉は二次的な虐待になりかねない。子供と接する大人は、そのことをしっかりと考えておかなければならないだろう。

親の発達障害

社会で語られることが少ないが、虐待の専門家の間ではよく問題視されることがある。発達障害のある親が、虐待の加害者になるケースだ。

前出の小児科医宮本信也は次のように語る。

「虐待事例だけを見ると、親に発達障害の特徴があるということは珍しいことではありません。発達障害といってもいろんな形があるので一概には言えませんが、一般的に自閉の特性は教育虐待に結びつきやすいように感じています。自閉の人は、自分の型をつくって、多くのことをそれに当てはめて行動しようとする傾向があります。その型が『子供の教育はこうあるべきだ』というものになると、何が何でも子供をそこにはめ込もうとする。それが教育虐待になることがあるのです」

ＡＳＤのわかりやすい特徴の1つとして、独自にルールを決めてそれをひたすら反復するというものがある。たとえば登校中に道路に描かれた白い線の上だけを歩いて、踏み外すと最初にもどってまた歩きはじめるとか、部屋に物を置く位置をミリ単位で決めて、少しでもズレていると急いで直さずにいられないといったことだ。

彼らは自分で決めたルールに尋常でないほどの執着心を持っているので、それが守られなければ怒りだしたり、パニックになったりする。他の人からすれば、それがあまりに世間の感覚とズレているため、なぜそこに拘泥《こうでい》するのか理解できない。

ＡＳＤの人は知的障害を併発していなければ学力的に劣ることはないし、人によってはこだわりが勉強に向くことで高い学力を有する場合がある。だが、そういう人が家庭を持ち、子供に勉強を教えようとした場合、子供の勉強のやり方にまで自分のルールを押しつけることがある。学習スケジュールを事細かに決めて、子供に寸分違わずに従うよう要求するのだ。

子供にしてみれば、窮屈でならないだろう。しかし、親にとっては絶対に守らせなければならないルールなので、子供が少しでも外れるとパニックになって、時には暴力をふるう。それが教育虐待になるのである。

実際にＡＳＤの親が、教育虐待による殺人事件を引き起こした例がある。２０１６年に愛知県で起きた「名古屋教育虐待殺人事件」だ。

加害者の佐竹憲吾は、薬剤師の父の下で長男として生まれ育った。家は薬局を経営していた。父親は彼を薬剤師にして店を継がせ、次男は医者にさせるつもりだったそうだ。

憲吾は周囲の期待通り、愛知県の名門私立校である東海中学・高校へ進学した。近年、日本でもっとも国公立大医学部の合格者数の多い学校だ。

中高時代の憲吾は、いろんなことがうまくいかなかったようだ。ASD特有の生きにくさを抱えていたのかもしれない。友人と適切な関係が築けず、勉強にも熱が入らなくなり、なんとか高校を卒業したものの、大学へ進まずにトラック運転手になった。

実家の親はそんな憲吾を「負け組」と罵ったらしい。その一方で成人してからも金銭的援助を惜しまないなど甘い一面もあった。憲吾は親からもらった金でマンションを購入し、悠々自適な生活をし、結婚をした。そして生まれたのが、後に事件の被害者になる峻太だった。

憲吾は峻太が幼い頃から厳しくしつけをしていたそうだ。そして小学4年生になると、相変わらず親の援助を受けながら、息子に中学受験の勉強を本格的にスタートさせるよう強いる。

彼は峻太につきっきりで勉強を教え、事細かく口出しした。そして自分の思い通りにいかないと、峻太を怒鳴りつけるだけでなく、物に当たる、暴力をふるうといったことをした。

本来は妻が間に入って制止するべきだっただろう。だが、憲吾は「中学受験をしたことがないくせに」と言って妻に一切の口出しを禁じた。やがて憲吾は勉強を教える際に刃物をつかって峻太を脅すようになる。

次はドライブレコーダーに記録されていた、憲吾と峻太のやり取りである（おおたとしまさ「名古屋教育虐待殺人事件『中学受験で父親が息子を刺すに至るまで』」『文春オンライン』２０１９年7月20日）。


〈憲吾〉書けって言ったら死ぬほど書け。オレが覚えろと言ったことはぜんぶ覚えればいい。てめえ大人を馬鹿にするなっつうのがわからんのか。

〈峻太〉イタい！　イテテ！

〈憲吾〉包丁脚についとるだけやろ。何が痛いか。入試やらせてもらってるだろ。

〈峻太〉痛い！ごめんなさい。

（このとき峻太君は太ももを包丁で刺されていた。）

〈憲吾〉オレ、刺すっていったはず。多少痛くてもがちゃがちゃうるせえ。

〈峻太〉イテテ！

〈憲吾〉脚ぐらいですむと思ったのか、糞ガキ。こんな怪我、なんなんだ。

憲吾は刃物で脅せば、息子が自分の決めた通りにすると考えたのだろう。このゆがんだ考えが、悲しい事件を引き起こす。〝受験の天王山〟と呼ばれる夏休み期間中の8月21日、憲吾は勉強を教えている中でいら立ちが爆発し、刃渡り18・5センチの包丁で峻太を刺して殺害してしまったのである。

後の裁判で、鑑定によって憲吾がASDであり、弁護側は事件が起きた原因の一端をそれに求めた。憲吾は勉強において自分の決めた方法にこだわり、峻太を刃物で脅してそれにはめ込もうとした。だが、それがうまくいかなくなったことで、感情を爆発させて思わず刺してしまったのだ、と。

誤解があるといけないので断っておくが、ASDの親がみなこういうことをするわけではない。彼らのこだわりが仕事のやり方という形で出ることもあれば、趣味のスポーツという形で出ることもある。表出の仕方は千差万別だ。ただし、子供に対する教育という形で現れた場合、それが子供に対する過度な勉強の押し付けにつながる可能性があることを指摘しているのだ。

宮本は親と子供が同じ発達障害があることについても言及する。

「子供と同じ特性のある親は、子育てにおいていろんなことを子供に強制することがあります。ただ、教育のやり方はいろいろあって、子供によって合う合わないがあります。子供にしてみれば親から合わないやり方を押しつけられてもうまくいかないし、つらく感じるのは当然でしょう」

発達障害に遺伝的要因があることは様々な研究から指摘されている。ある研究では、双子の兄弟の一方がＡＳＤである場合にもう一方もＡＳＤである率は、二卵性双生児では31％であるのに対し、遺伝情報がほぼ同一である一卵性双生児では77％だった（Joachim Hallmayer et al. Genetic Heritability and Shared Environmental Factors Among Twin Pairs With Autism. *Arch Gen Psychiatry.* VOL.68(NO.11)）。

こうしてみると、発達障害は、絶対ではないものの、それなりの確率で遺伝することがわかる。つまるところ、親子でＡＳＤというケースは一定数存在することになる。

何度も言うが、ＡＳＤの特性がどのように現れるかは千差万別であり、安易に虐待と重ねることは危険だ。しかし、ゆがんだ教育の問題を考える時、リスク要因の1つとして想定しておく必要はあるだろう。

さらに発達障害と教育虐待のことで指摘しておきたいのは、虐待の連鎖が起きやすいことだ。

第2章で述べたように、発達障害のある子供は虐待を受けやすいことが明らかになっている。親が彼らの特性を理解していない場合、「聞き分けの悪い子」と誤解され、手を上げられるリスクが高まるからだ。

子供たちが発達障害に加えて、被虐待経験というトラウマを抱えると、児童自立支援施設の事例で述べたように、二次障害としていろんな問題が起こるので、世の中を渡っていくことがより一層困難になる。

考えなければならないのは、こうした人たちが成人して親となった後のことだ。彼らは家庭が劣悪な環境だったため、子供への適切な接し方を知らないということがある。もともと人間関係を築くのが苦手な人たちが、そうしたバックグラウンドを持っていれば、それが虐待の連鎖につながりかねないことは予想がつく。

先に述べた名古屋教育虐待殺人事件においても、そうした虐待の連鎖があった可能性が否めない。実は、事件後の裁判によって、憲吾の父親（崚太の祖父）が憲吾に対して同じような教育虐待を行っていたことが明らかになったのだ。

この祖父が憲吾を幼い頃から薬剤師にしようとしていたことは先述の通りだ。祖父は薬局の仕事の合間を縫って自ら勉強を教えていたのだが、その際にいら立ちを抑えきれずに怒鳴りつけたり、手を上げたりしたことが多々あったらしい。さらには、憲吾が崚太にしていたように、出刃包丁を持ち出し、こたつに突き刺して脅したこともあった。

憲吾にとってこうした過去がトラウマになっていたであろうことは察しがつく。東海中学に合格するだけの学力がありながら、中学時代に生活が乱れて大学進学すらも諦めざるをえなかった背景には、彼がＡＳＤに加えて虐待による二次障害を抱え、相当な生きづらさの中にあったからではないか。

もし憲吾がそのまま社会からドロップアウトしていれば家庭を持つことはなかっただろう。だが、祖父から経済援助を受けたことで、結婚して子供を授かり、その子を通じて再び中学受験に挑むことになった。この時、憲吾は自分が父親から受けていた虐待をそのまま子供に行い、それ以上の凄惨な事件を引き起こしたのだ。これを虐待の連鎖と考えるのは私１人ではないはずだ。

くり返しになるが、私は発達障害の特性が１００％の確率で虐待につながるとは思っていないし、虐待の連鎖が常に引き起こされると言っているわけでもない。ここで出している事例が極端なものであることも自覚している。

ただし、虐待現場にのみ目を向けた場合、発達障害が教育虐待に影響を及ぼしているケースがあることだけは押さえておく必要がある。

第5章

教育虐待、その後

――ひきこもり、非行から自殺、ＰＴＳＤ、虐待連鎖まで

受験うつの現場にて

教育虐待をテーマに、親の教育熱が暴力へとつながるプロセスや、それによる子供たちの心の傷について見てきた。教育虐待の実情やメカニズムを示すために、重大事件につながったものをはじめとして複数の実例を紹介してきたことから、読者はそれが持つ加害性にショックを受けているかもしれない。

とはいえ、今の日本社会では、大方の教育虐待は闇に葬られているというのが現実だ。当事者の親子が証言することはほとんどなく、学校教員や塾の講師、親類縁者、知人やその保護者などが発見することも難しい。

それでも大小様々な事例を集約してみると、被害を受けた子供たちがたどる一定のパターンが見えてくる。かならずそうなるというわけではないが、頻繁に見られることでもあるので、本章ではそこに光を当てることによって、被害者たちが将来的にたどる運命について考えてみたい。

東京のＪＲ品川駅から徒歩5分のところに、品川メンタルクリニック品川本院がある。うつ病やストレスを中心に扱っている精神科クリニックだ。

私が訪れたのは、ここがいわゆる子供の〝**受験うつ**〟の治療を積極的に行っているためだ。受験うつとは、子供が受験勉強をする中でストレスをため、うつ状態になることをいう。

すでに見てきたように、教育虐待は多くの場合心理的虐待に相当し、子供たちの心に過剰な負担をかける。それが比較的早い段階で現れるのが、この受験うつといえる。同クリニックが示す典型的な症状としては次のようなものがある。

・勉強が手につかずイライラしている。
・悲しみや絶望を感じるようになる。
・スマホに依存するようになる。
・「死にたい」と言うようになる。
・うまく睡眠が取れないようになる。
・食欲がわかない、もしくは食べ過ぎてしまうようになる。
・ゆっくり休んでも疲れが取れない、身体への影響。

こう並べてみると、子供たちがうつ病になることで受験勉強が手につかなくなる状態を明確に思い描くことができるだろう。ちなみに、最後の「身体への影響」とは、微熱や倦怠感がずっとつづいたり、頭痛、肩こり、腰の痛み、下痢などが起きたりすることを指す。

院長の渡邊真也は次のように述べる。

「当然のことですが、親が子供の心の問題に気がつくことは少ないです。彼らは子供は精神疾患と無縁だろうと考える傾向があって、自分の子にうつ病の症状が出ていてもなかなか精神疾患を疑うまでにいたらないのです。学校へ行けなくなったのは甘えだろうとか、微熱があるから風邪だろうと考えてしまいます。

そのため、子供の心身に変調が現れた時、親が自分の判断ですぐに精神科に連れていくケースは多くありません。大抵は最初に小児科にかかります。そこで小児科の先生から起立性調節障害などと診断されて、ここでは治療が難しいからということで精神科を勧められ、ようやく来院するのです」

子供たちは受験うつになると先述のような症状が現れ、学校や塾に通うことができなくなる。大人がうつ病になって体調を崩し、会社へ行けなくなるのと同じようなものと考えてもらっていいだろう。

大人のうつ病は世間的な認知度も高いため、本人は早い段階でそれを自覚して病院にかかり、仕事をセーブしたり、薬を服用したりしながら回復への道を模索することもできるが、子供はそうではない。持っている情報が少ないので自覚することは稀で、1人で悶々と苦しみを抱えているうちに症状が悪化し、ついには家から出られなくなる。

親がわが子の異変に気がつくのはそんな状態になってからだ。親は単なる不登校と考えて学校のスクールカウンセラーと相談したり、体調の悪化にだけ目を留めて小児科へ連れていったりする。大抵は、そこで精神的な問題が発覚し、精神科につながるのだ。

小児科でしばしば診断される起立性調節障害とは、思春期の子供に起こりやすく、自律神経の異常によって脳の血流が減ることで引き起こされる病気だ。動悸、頭痛、めまい、睡眠障害、いらだち、倦怠感といった症状が現れる。

小児科で行われる起立性調節障害の治療は、主に睡眠や食事など生活習慣の改善指導だ。それによって自律神経を整え、脳の血流をもとにもどすのである。起立性調節障害は、精神疾患ではないので、うつ病と症状が似ているとはいえ、抗うつ薬などがつかわれることはない。だが、何カ月やっても改善が見られない場合は、うつ病が疑われて精神科への受診を勧められることになる（起立性調節障害の悪化からうつ病を発症することもある）。

渡邊は言う。

「うちのクリニックに来る受験うつの子供の中には、過剰教育をはじめとした親子関係の問題が要因になっているケースがあります。進学塾や予備校が受験への意欲を高めるので、親の子供への指導がどんどんエスカレートしている感じがします。症状が悪くなっていくと、子供は『自分はダメなんだ』とか『死にたい』といった気持ちになり、それを言葉や行動に移しはじめます」

受験うつの背景に家庭の問題があるというのは、大概の医師が指摘することだ。その主因が教育虐待なのである。

もちろん、家庭的要因の中には教育虐待以外のものもある。たとえば、両親の関係が険悪だとか、親がアルコール依存症だとか、きょうだいが荒れているといった状態であれば、子供は日常的に不安やストレスを抱えることになる。そこに受験という新たな要素が加わることによって、心が壊れてしまう。

渡邊はつづける。

「患者さんの家庭に問題があるだろうなということは診察でおおよその見当がつきます。子供がはっきりと訴えてくるケースもあれば、受験勉強のやり方を聞いていてわかることもあります。

過剰教育をする親であればあるほど、自分が間違ったことをしていると認めないことが多いですね。頭から自分が正しいと思っている。だから、子供の病状を深刻に受け止めず、『甘えるな』などと言って治療中も勉強を強要したりするのです。これでは治るものも治らなくなってしまいます」

精神科における子供の治療は、親の協力なしでは難しい。そもそも病院を選んで子供を受診させて、治療費を払うのは親だ。医師の側が、いくら子供を助けたいと思っていても、親との信頼関係がなければ実現しえない。

そのため、治療の過程で教育虐待が行われていることを察しても、医師の方から指摘することはほとんどないらしい。親の反感を買うと病院に子供を連れてきてもらえなくなるからだ。したがって、まずは親との信頼を築いた上で、子供を定期的に通院させることを優先する。それができたら、少しずつ親に子供の接し方についてアドバイスをしたり、子供が抱えている悩みを伝えたりすることで、家庭環境の改善を目指していく。

とはいえ、渡邊によれば、それができる病院はそう多くないという。

「子供のためを思えば、家庭環境の改善は必要不可欠なんです。いくら子供のうつ病を治療したところで、親が過剰教育をする状況がなくならなければ、子供を苦しめる要因はなくならないわけですから。

でも、大半の病院ではそれをするのが簡単ではありません。まず医者が忙しすぎて一々家庭の事情にまで立ち入っている余裕がない。本気で取り組もうとすれば相応の時間や労力がかかりますし、余計なことを言って親に嫌われれば治療はそこで終わってしまうかもしれない。

極端に言えば、病院のことだけを考えるのなら、医者は過剰教育には目を伏せて、パッと抗うつ薬を処方するだけの方が楽なんです。そうすれば親との関係を維持できますし、抗うつ薬は基本継続していくので、患者はそのまま何年も通院することになります。悲しいことですが、精神科の一部にはそういう現実があるのです」

渡邊の経験では、受験うつの子供が精神科にかかったところで、投薬のような対症療法を受けることはできても、家庭環境の改善という原因治療までは見込めないことがほとんどだそうだ。これは病院のせいというより、精神科医療の構造的な問題といえるかもしれない。つまるところ、精神科医療における矛盾のしわ寄せが、もっとも弱い立場の子供にいっているのだ。

受験後に訪れる悲劇

子供たちが勉強で心を病むのは、なにも受験勉強をしている最中だけとは限らない。実は、**受験勉強が終わってほっとしている期間に、子供たちの身にはっきりとした病状が現れるこ**

とも少なくない。

教育虐待下にある子供たちは、受験というゴールを目指してひた走っている。理屈の上では、受験に合格すれば、晴れて親の支配下から解放され、自由を手にすることになるはずだ。だが、受験が終わった途端に、それまで受けてきた教育虐待がボディーブローのように効いてくることがある。それまでは気を張って受験勉強をしていたのだが、試験が終わった途端に力が抜け、うつ病などの精神疾患が次々に噴き出すのだ。

フリースクールで子供たちの取材をしていて、教育虐待が原因で名門校を不登校になった人たちをよく見かけるのはこのためだ。

せっかく地元で有名な中学や高校に合格したのに、入学して数カ月で心が折れてしまい、夏休みや冬休みを挟んで新学期から力尽きたように学校へ行けなくなってしまう。それが1年、2年とつづけば、ひきこもりだ。

ちなみに、世間には〝バーンアウト（燃え尽き症候群）〟や〝スチューデントアパシー（学生無気力症候群）〟といった言葉がある。これらは、勉強のやりすぎで受験後に気持ちが折れてしまうことを示す用語であり、かならずしもうつ病などの精神疾患の状態を意味するものではないことを押さえておいてほしい。

すでに見たように、親が子供の心の病に気づき、正しい判断ができれば、医療機関につなげることができるだろう。ただし、病院で治療を受けて精神疾患が治ったら即座に問題が解決すると考えるのは早計だ。彼らの生きづらさの根底には、精神疾患だけでなく、**社会で生きることへの意欲の欠如**がある場合が多い。

どういうことなのか。

教育虐待を受けてきた子供たちは、幼少期から学力の向上のみを目指して育てられてきたせいで、生きていく力に乏しい場合がある。高い学力とは裏腹に、人間としての芯となる自尊心が非常に乏しく、それゆえ親など周りの目を極度に気にして、自分らの意思で他者とかかわりながら物事を推し進めていく力が脆弱なのだ。

こういう子供たちはうつ病が治っても、学校で他人と接することに苦手意識を抱いて登校したがらないことがある。人との関係そのものが重圧となって息苦しさにつながってしまうのだ。

病院ではこういう子供たちの立て直しまではできない。代わりに彼らをサポートする機関の1つが、フリースクールだ。

一般的に、フリースクールは、様々な生きづらさを抱えて不登校になった子供たちを迎え入れる施設である。詳しくは後に述べるが、スタッフは勉強だけでなく、様々なレクリエーションを行いながら、子供たちの心を落ち着かせ、自発性をゆっくりと磨き、自分なりの生き方を探究させていく。

前章で紹介した福岡県の全寮制フリースクール「玄海」は、ひきこもりの子供を大勢受け入れている。ここの生徒に限っていえば、子供たちの3割ほどは発達障害などの特性が原因のひきこもりだが、残りの7割ほどは親の過干渉や教育虐待によってストレスを抱えて学校へ行けなくなった子供たちだという。

代表の嶋田は言う。

「うちに来る元ひきこもりの子供たちに共通するのは、生命不安と対人不安が目立つ点です。些細なことですぐに『死にたい』と言い出し、他人と接することで傷つくことを極度に恐れます。原因がそれまでの親との関係にあることは明らかです。自由に他人と接する機会を奪われたり、自分はダメな人間なんだと思い込まされたりすることで、そうなってしまっているのです。

全寮制を用いているのは、そういう子供たちを一定の期間、家族から引き離す必要があるからです。うちの場合でいえば、1年ほどまったく違う環境に身を置かせ、1から彼らに欠けている力を育てていくのです。

それでも我々が対応できるのは17歳くらいまでの子です。それ以上の年齢になると、子供たちは二次障害も含めてたくさんの問題を抱えてしまうので、サポートがとても難しくなります。中高生の時に学校へ行けなくなってから2、3年というのが、なんとかしてあげられる期間です」

嶋田の言葉は、18歳以上は回復不可能ということを意味しているわけではない。ただ、第2章で見たように、子供は虐待下における傷つき体験が大きくなればなるほど、多くの問題を抱えることになる。精神的な面だけでなく、体力面や家族関係などあらゆるところに悪影響が出る。

そのため、ひきこもりについてよく知る人の間では、当事者の子供が社会復帰までにかかる歳月はひきこもった期間に比例するといわれている。5年ひきこもった場合は、回復までに5年を要するということだ。そうなると、玄海が行っている1年間の寮生活だけではなかなか心身を元にもどすことが難しくなるのだ。

病院やフリースクールには個々の課題があるとはいえ、教育虐待によって生きづらさを抱えた子供たちがそこにつながることは悪いことではない。子供にとっては回復の道筋がつけられることになるし、親も自分の過ちに気がつく機会を得られることになる。セーフティーネットとして十分に機能している。

深刻なのは、そうしたセーフティーネットにひっかからない子供たちだ。教育虐待によって心を病んでも、不登校にもひきこもりにもなれず、長きにわたって1人で苦しんでいる子供である。

今回取材した関西の精神科病院に勤める杉田誠司は次のように語る。

「子供たちがひきこもるのは、ある種の自衛手段なんです。大人もそれで事態の深刻さを自覚するようになります。しかし、ひきこもることができず、施設にもつながれなければ、子供たちの状態は悪化しかねません。

自殺を例に考えてみましょう。国の統計では、親子関係が原因の子供の自殺は全体の一部とされています。でも、子供が自殺に至る理由は複数重なることが多く、簡単に類別することはできないというのが現実です。

私の推論ですが、学業不振が原因だとか、心の病気が原因とされている事案の中には、親子の不適切な関係が潜んでいるケースが少なくないと思います。そしてその中には教育虐待も含まれていると考えています」

精神科医療の世界では、**人が自殺をする場合は、単独の要因ではなく、平均して4つの要因を同時に抱えており、8〜9割が自殺直前にうつ病などの精神疾患に罹患しているとされている**。つまり、複数の問題が絡み合って心の病になり、それによって引き起こされる希死念慮（死んでしまいたいという感情）によって自ら命を絶っているのだ。

それを踏まえた上で、厚生労働省が子供の自殺の動機としているものを見ていただきたい。

図５：児童生徒の自殺の要因

	令和元年			令和２年		
順位	小項目	人数	大項目	小項目	人数	大項目
1	学業不振	43	学校問題	その他進路に関する悩み	55	学校問題
2	その他進路に関する悩み	41	学校問題	学業不振	52	学校問題
3	親子関係の不和	30	家庭問題	親子関係の不和	42	家庭問題
4	家族からのしつけ・叱責	26	家庭問題	病気の悩み・影響（その他の精神疾患）	40	健康問題
5	病気の悩み・影響（その他の精神疾患）	26	健康問題	病気の悩み・影響（うつ病）	33	健康問題
6	その他学友との不和	24	学校問題	その他学友との不和	26	学校問題
7	入試に関する悩み	21	学校問題	家族からのしつけ・叱責	26	家庭問題
8	病気の悩み・影響（うつ病）	20	健康問題	入試に関する悩み	18	学校問題
9	失恋	16	男女問題	失恋	16	男女問題
10	その他交際をめぐる悩み	13	男女問題	その他家族関係の不和	16	家庭問題

出典：文部科学省「令和２年　児童生徒の自殺者数に関する基礎資料集　令和元年（平成31年）及び令和２年（暫定値）における児童生徒の自殺者数の原因・動機別表～原因・動機数における上位10項目～」

図5だ。杉田が指摘するのは、子供の自殺は厚生労働省が行っているように単一要因で分類することなどできるわけがなく、仮に主要因がここに挙がっているものだったとしても、その背景に複数の要因があるのであれば、それらの1つとして親子関係の問題が含まれているのではないかということだ。

たとえば、厚生労働省は子供の自殺の主因として「進路に関する悩み」や「学業不振」といった悩みを挙げている。だが、杉田の意見に照らせば、彼らは本当にそれだけの理由で命を絶ったのかということだ。親が子供に学歴至上主義のプレッシャーをかけていたからこそ、進路や学力不振への悩みを普通では考えられないほど募らせ、自殺に至ったと考えられるのではないか。

「病気の悩み」によって起きている自殺も同様だ。子供は突如として病気になり、それを苦に自殺したのだろうか。むしろ教育虐待の中で受験うつや統合失調症といった病気になり、それがトリガーとなって自殺に至ったと考えられるのではないか。

このように自殺が複合的要因によって起きることを前提にすると、厚労省の統計の背後にある別の現実が見えてくるのである。

前出の精神科医の渡邊も、これについては同意している。進路や学業不振といった単一の悩みで自殺するなら、かなり多くの人が命を絶っているとも考えられるわけで、裏にそれ以外の要因が隠れていると考えるのは不自然ではない。すべてを教育虐待に重ねるのは危険にしても、複数の要因のうちの1つにそれが含まれる可能性がまったくないとはいえないだろう。

また、厚生労働省の統計は小中高生を対象としたものだが、大学生についても考えておかなければならない。

受験のゴールは大学入学だが、一流大学に合格したからといってハッピーエンドを迎えられるわけではない。合格した直後に子供の心身に問題が現れることがある。

重要なのは、大学生の場合は、中高生より事態が可視化されにくい点だ。中高生の場合は親が身近にいるし、フリースクールのような支援機関も数多く存在する。しかし、大学生の場合は心理的にも、人によっては物理的にも親との距離が開き、なかなか発見されにくい。そのため、自分でも知らず知らずのうちに、病気を悪化させてしまうことがあるのだ。

大学生の自殺を考えた時、特に6年制の学部における自殺率が高いことに注目したい。

精神科医の内田千代子（星槎大学大学院教授）の21年に及ぶ研究では、図6のような結果が出ている。**4年制の大学に比べて、医学部、歯学部、獣医学部の自殺率が高い傾向にあるのだ**（国立大学での調査）。

今回、私は内田にインタビューをした。彼女は医学部等の自殺率が高い要因を複数述べていたが、私が内田以外にも取材を重ねて感じた要因の1つが、医学部の学生の〝**アイデンティティー・クライシス**〟と呼ぶべき現象だ。

一般的に、医学部の学生は医者になると決めて進学してきているので、その点では他の学部の学生よりアイデンティティーは確立されている傾向にある。しかしながら、一部には「ただ頭が良かったから」「なんとなく将来が保障されそうだから」という理由で医学部に進学する学生もいる。あるいは、親から教育虐待を受け、「おまえは何も考えなくていいから、とにかく言われた通り医学部に行け」と言われて進学してきた学生もいるだろう。

このような場合、彼らには将来医者として生きていくための覚悟や人間性が身についてい

図6：男女別専攻別自殺率（1985～2005年度）

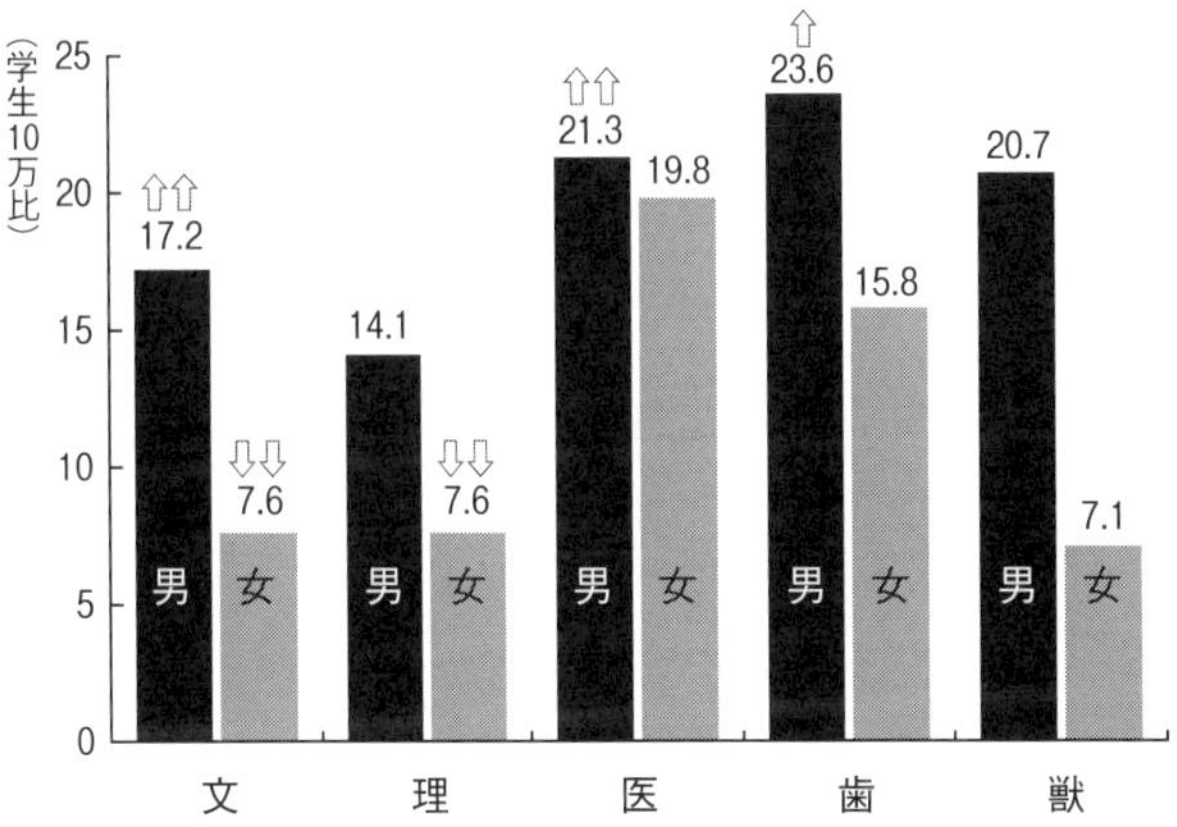

	文	理	医	歯	獣	合計
男	310/1,798,721	412/2,930,552	63/295,523	14/59,248	4/19,318	803/5,103,362
女	112/1,477,591	48/634,459	19/95,830	4/25,260	1/13,994	184/2,247,134
合計	422/3,276,312	460/3,565,011	82/391,353	18/84,508	5/33,312	987/7,350,496

自殺者数／在籍学生数（人）

21年間の自殺者を男女別専攻別で10群に分類して10万比を算出し、棒グラフとした。表にはそれぞれの群の自殺者数／在籍学生数（人）を示した。それぞれの群の自殺者数を χ^2 検定と残差分析により比較した。

⇧⇧⇩⇩ $p < 0.01$ は1％水準で有意に多い、少ないを示し、

⇧⇩ $p < 0.05$ は5％水準で有意に多い、少ないを示す。

出典：内田千代子「21年間の調査からみた大学生の自殺の特徴と危険因子―予防への手がかりを探る―」

ない。それゆえ、意識の高い学生たちの中でもまれているうちに、自分は本当に医者になりたいのだろうか、自分なんかが病院で働いて人の役に立つのだろうかと不安を膨らませることがある。

そうした学生たちが陥るのがアイデンティティー・クライシス、つまり自分自身の存在意義を見つけられず心理不安が膨らむ状態だ。そうした中で、一部の人たちが心を病み、国家試験を受ける前に、自ら命を絶っているのではないかと推測できるのである。そのように考えると、何を目指すかを自分の意思で考え、勉強することがいかに重要かわかるのではないか。

子供たちの反逆

これまで見てきた教育虐待の中で精神を病んでひきこもる子供たちは、親によって心を押しつぶされたパターンだ。その圧力に耐えられなくなり、立ち上がることができなくなったのである。

しかしながら、すべての子供たちが同じ運命をたどるわけではない。子供それぞれに生まれ持った性格やタイミング、そして家庭環境があり、別の言動を示すこともある。代表的なものが〝**家庭からの逃避型非行**〟である。

子供たちが親によって精神的に追いつめられて心を病むと、心身に異常が出たり、ひきこもったりするようになる。だが、子供たちの中には、そうなる前に劣悪な親子関係を打破しようとしたり、逃げ出そうとしたりする者も少なくない。この時に彼らが示すのが非行、つまり親に対する過度な反発なのだ。

教育虐待を受けた子供が非行に走るには、一定の条件が整っていなければならない。具体的に挙げれば、次のようなものだ。

・子供が中学生くらいになって体格差が逆転し、親への身体的抵抗が可能になる。
・先に虐待を受けた兄姉や友人が非行に走っており、逃げ込む先のグループが存在する。
・家が困窮していて狭い、親がひきこもりを許さないなど、自宅にひきこもる環境がない。
・教育虐待の悪影響が精神的な病理より先に人格のゆがみとして現れる。
・親が途中で見捨てることで、子供が自由に動き回れる余地ができる。

大概の場合、教育虐待が本格的にはじまるのは、子供が小学生の時だ。この時点では子供は親に逆らうことができないので、無抵抗のまま机に向かうことを強いられる。小学生のうちは反抗しても力で押さえつけられてしまうし、家から逃げ出しても生きていくことができない。

だが、中学生くらいにまで成長すると、子供たちは腕力がつくし、強い意志を持つようにもなる。これに先のような条件が合わさることで、子供たちは押しつぶされる前に、親に力でもって反抗する、あるいは家から逃げ出すという選択をする。その行為が非行として表出するのだ。

私が少年院で非行少年の取材をしている時に、教育虐待サバイバーと出会うことが多いと書いたのはそのためだ。彼らは親の圧力に耐えられなくなり、思春期になってそこから逃れようとした者たちだ。

少年非行の取材で出会った事例を紹介しよう。

東海地方の父子家庭で育った少年がいた。父親はわが子の生活から勉強まであらゆることに厳しく口出しし、少しでも言う通りにならなければ暴力をふるっていた。少年は父親の意向で中学受験をさせられたが、第一志望の学校に不合格。仕方なく、第二志望の学校へ進んだ。

父親はこのことが気に入らなかったらしく、毎日のように少年を汚い言葉で罵った。お前は受験費用を無駄にした、あんな中学は行っても意味がない、恥ずかしくて親戚に顔向けできない……。

時を同じくして父親は別の女性と再婚した。その女性は離婚歴があり、連れ子の娘が2人いた。父親は少年を罵る傍ら、その連れ子を溺愛した。少年が不平を漏らすと、こう言ったそうだ。

「もしおまえに悔しいという思いがあるなら、3年後に高校受験して中学受験で落ちた学校に合格してみろ。ただしもう塾には通わせないからな。教育費はすべて妹たち（義母の連れ子）にかける」

こうした家庭環境の中で、少年は鬱憤を膨らませていった。そして中学校でクラスの同級生たちの所持品を壊す、財布を盗む、あるいは図書館の本を片っ端から破るといった非行をくり返すようになった。彼なりのストレス発散方法だったのだろう。

父親は、学校や警察から少年のことで呼び出しを受けることが増えた。その都度、父親は息子を罵倒した。

「おまえみたいなダメ人間はこの家にいらない。（義理の）妹たちの将来をダメにするだけだ。もう中学を卒業したらこの家から出ていって、1人で生きていけ」

少年が明らかな反発をはじめたのはこの頃からだ。地元の不良暴走族グループと付き合うようになり、あちらこちらで傷害事件や恐喝を重ねた。そして、2度の少年鑑別所送致を経て、少年院に行くことになった。

これは、教育虐待から非行に走る典型的な事例だといえる。

父親は子供が小さなうちは手を上げるが、力関係が逆転して手に負えなくなると、今度は家から出して厄介払いしようとする。理想通りの子供でなければ用はないと言わんばかりに切り捨てるのだ。

しかし、10代の子供が単独で生きていくことは実質的に不可能だ。だから彼らは同じような境遇のグループに加わって、力を合わせてサバイバルしていこうとする。そのサバイバルの方法が非行なのである。

性別が異なっても同じようなことは起こる。

すでに紹介した飯島愛さんの事例がそうだろう。彼女が両親の激しい教育虐待を受けていたことは先述の通りである。それでも彼女が心のバランスを崩さずに済んだのは、唯一の理解者ともいえる祖父がいたからだ。

しかし、中学1年の時、その祖父が病死してしまう。これによって彼女は家庭での窮屈な生活に耐えきれなくなり、家を飛び出して不良グループと付き合いだす。やがて彼女は家出同然になって、ディスコや恋人の家に通いながら、恐喝や売春など様々な非行を重ね、最後はアダルトビデオの世界に行きついた。

飯島愛さんのケースも、先の条件がぴったりと符合する。

まず親が暴力をふるうタイプだったので、自宅にひきこもる道は閉ざされていた。そして祖父が亡くなったのが中学時代だったため、彼女は女性としての性と引き換えに不良グループと付き合い、時には売春をすることで夜の街で生き抜こうとした。その行為が非行と呼ばれたのである。もし彼女の家庭環境や時期が違ったものになっていれば、別の形で問題が表出していただろう。

虐待から自力で逃げようとする子供たちが不利なのは、日本の法制度が健全な家庭のあり方を前提につくられていることだ。家を借りるにせよ、仕事をするにせよ、子供は親の協力が必要だ。だが、児童福祉のセーフティーネットに引っかからず、自らの力で家から逃げ出した子供たちにはそれがない。ゆえに、彼らは法律の外でサバイバルしていかなければならなくなるのだが、法的にはそれは犯罪となる。

家出をした子供たちの行動パターンは驚くほど似通っている。

男の子の場合は、悪い先輩や大人の家に泊まり、恐喝や窃盗で生活費を稼ぐ。女の子の場合は、年上の恋人の家に泊まるか、売春をしながらホテルを転々とする。そこに薬物が入ってくるのか、暴力団や半グレが関わってくるのかというファクターがケースごとにあるものの、**基本的なサバイバル方法は、男の子なら暴力、女の子なら性行動**だ。

彼らがそこで選ぶ生き方も、性別によって異なる。どんなコミュニティーの中でいかに生きるかという点だ。

家庭から飛び出した男の子は、暴走族に代表されるようなピラミッド型の権力構造を持つグループに加わり、攻撃性を他者に向けがちだ。他のグループを攻撃したり、見知らぬ人々を襲ったりすることでストレスを発散させ、不良仲間の間で承認欲求を満たす。

一方、女の子は、同性だけのピラミッド型のグループを形成することは稀だ。パパ活・援助交際をしている子が典型だが、特定の集団に属するというより、その時々の状況に押し流されるようにして生き、鬱屈した思いから生じる破壊衝動を自分に向けて、リストカットや薬物依存に走る。

精神科医の宮本信也も同じことを指摘する。

「子供の虐待経験による不安と抑うつがどのように出るかだと思います。家にひきこもれる環境があれば、それがネットやゲームに向けられるでしょう。しかし、そういう環境がなければ、男子の場合は暴力に出て、女子の方は自分自身に向かいますね。具体的に言えば、自傷行為、摂食障害、それに性的逸脱行為も含まれるでしょう。行動においては、男子と女子の差はありません。これは教育虐待だけでなく、身体的虐待やネグレクトなど虐待行為を受けた子供全般に当てはまることです」

なぜ、これほどまでに同じようなパターンをたどるのだろうか。それは環境的要因だけでなく、彼らが抱えている内面のゆがみにも起因する。

教育虐待を受けて育った子供たちに共通するのは、罵倒されて育ったことによる自己否定感であり、理解してもらえなかったことの孤独感であり、親子関係を築かせてもらえなかったことによる愛着の欠如だ。

自己否定感が大きければ自分の体や命すら大切に思えないので傷つけることに躊躇《ためら》いを覚えにくいし、孤独感が大きければ薬物などに依存して埋めようとするし、愛着の欠如が大きければ親とは別の他者に不必要なほど寄りかかろうとする。そうした傾向が、右に挙げたようなパターン化された問題行動につながるのだ。

第2章で紹介した小石川真実さんは、30代の時にテレクラを利用して複数の見知らぬ男性と性行為をするといった行動をとった。家出少女がよく行う性的逸脱行為だ。彼女は当時の自分の行動について次のように分析している。

「およそ私本来の価値観にそぐわない、心を伴わない肉体関係に走ったのは、ただひたすら自己破壊的衝動からだった。私をろくでなしと決めつける父親に復讐するために、自分をメチャクチャにぶち壊してやりたくなったのである。だから楽しいと感じたことは一度もなかった」（『私は親に殺された！』）

彼女の場合はなまじっか東大に進学できたので問題行動が10代ではなく30代と遅れた時期に現れたが、中学や高校で家出をした少女たちが、もっと若いうちに彼女と同じような心理で性非行という自己破壊行動に及ぶことは容易に理解できる。

社会の側がしなければならないのは、子供たちのそうした行為を非行と決めつけて罰するのではなく、「ＳＯＳ」だと受け取って手を差し伸べることだろう。

教育虐待「後遺症」

ここまで親の圧力に耐えかねて、心を病んでひきこもるパターンと、反発して非行に走るパターンを見てきた。この２つのパターンは、主に思春期の年齢で現れる現象といえよう。

ただし、すべての子供たちが思春期に教育虐待の悪影響が出るわけではない。むしろ、大半の子供たちは生きづらさを抱えつつも、どうにか思春期を乗り越える。全体としては、受験うつや非行など、深刻な状況に陥る者の方が少ない。

では、彼らはうまく教育虐待を乗り越えられたのかと問われれば、そう言い切ることはできないだろう。第２章でも述べたように、実はもっと後になって、彼らの心の傷が表面化することが多いのだ。

そもそも、人が抱えているトラウマが精神疾患として現れる時期は、個人差が大きい。小中学生で受験うつ病のようにすぐに症状が出る場合もあれば、小島慶子さんや古谷経衡さんのように高校生くらいになって体調を崩すこともある。あるいは、20代、30代、いや40代を超えて突然表出することもある。

かつて私が虐待取材で知り合った30代の女性がまさにそうだった。

その女性は小学校から高校時代にかけて両親による激しい教育虐待を受けた。母親は浮気をしていた夫と険悪な関係にあり、その怒りを娘の教育にぶつけていたらしい。勉強以外でも、八つ当たりで叩かれる、無視されるということが頻繁にあったそうだ。

彼女は勉強がまったく好きになれなかったが、学力はそこそこ高く、母親に行けと言われた関西の国立大学に進学を果たした。そして卒業後は、これまた母親が選んだ有名な上場企業に就職した。

結婚したのは、32歳の時だった。ネットで知り合った男性と付き合っている最中に子供を妊娠し、いわゆる「デキ婚」をすることになったのである。母親は娘の結婚に猛反対し、すぐに堕胎しろと命じたらしい。だが、彼女は生まれて初めて親の意見を突っぱね、実家を飛び出して籍を入れた。母親の言いなりになって人工妊娠中絶することに耐えられなかったそうだ。

数カ月後、無事に男児が生まれた。女性は母親に伝えたものの、「あんたも、孫も、私とはもう無関係。連絡はよこすな」と言われた。勘当である。

彼女は自分の決めた道なのだからと考え、会社を辞めて専業主婦として子育てに集中することを決心した。

　そこからしばらくして、彼女の体調が狂いだす。まず摂食障害と睡眠障害の症状が現れた。彼女は出産や育児に伴うものだろうと考え、地元のクリニックで睡眠薬をもらうなどして我慢していた。

　1年ほどすると、今度は深刻な幻聴に悩まされるようになった。家の外で誰かが彼女の悪口を言っているような声が聞こえたり、電話機から彼女を呼ぶような声が聞こえたりしたのである。

　彼女は精神的に追いつめられ、子育てをする余裕を失っていった。毎日の掃除や洗濯ができなくなるどころか、子供の食事を用意することさえ難しくなった。そのことによる夫とのいさかいも連日だった。

　夫側の両親が、彼女の異変を察して児童相談所に連絡したのは、子供が4歳になった時だった。たびたび夫の方から家事をやってくれないとの相談を受けており、心配になって家を訪れたところ、子供が見る影もなくやせ細り、体に無数のあざがあるのを見つけた。それでただ事ではないと考えて通報したのだ。

　児童相談所は、女性が子供を虐待していると判断した。ただ、彼女の言動に明らかな異常が見られたため、精神科の受診を勧めた。

女性が夫に伴われて複数の精神科やカウンセリングへ行ったところ、最終的に次のように言われたそうだ。

「母親との不適切な関係がPTSDになっていた可能性があります。それが親元から離れ、子育てをする段階で、今回のような精神疾患につながったのかもしれません」

それまで女性は母親との関係が自分に精神的な影響を与えていると考えたことはなかった。家庭が普通ではなかったとの思いはあったが、まさか自分がPTSDにまでなっているとは思ってもいなかったらしい。

だが、母親の子育てが教育虐待であり、それが今になって心の傷として現れたという指摘を受けて、初めて自分のことを理解できたように思えたそうだ。それまで漠然と抱えていた生きづらさの原因が母親との不適切な親子関係にあると指摘され、なにもかもが腑に落ちたのである。

女性は次のように語った。

「幼い頃からずっと得体の知れない息苦しさを抱えていて、それが何なのだろうという気持ちはありました。今から考えれば、全部母親との関係なんですよね。

子供の頃は、母親に怒られるのが怖くて毎日午前2時過ぎまで勉強するふりをしていましたし、食事やトイレの時もわざと教科書を読んでいるふりをしていました。社会人になってからも母親に勧められた資格を取りつづけていた。全部母親の顔色を窺ってやっていたことです。

結婚して母親の呪縛から解放された時、それまで張りつめていたものが切れたんだと思います。それで急に摂食障害とか、睡眠障害だとか体に異常が現れた。幻聴は統合失調症だって言われました。カウンセリングで『それだけ必死になってお母さんと戦っていたんですよ』って言われて、涙が止まらなくなりました」

彼女のように間接的にでも親の支配が30歳過ぎまでつづいて、ギリギリのところで心を保っている人もいる。それが結婚などを機に自立した時、急に心の問題として出てくることがあるのだ。

別のケースとして、薬物依存の取材で知り合った男性の例を紹介したい。

男性の実家は、関西のある町で学習塾を経営していた。両親だけでなく、叔母や従兄も講師をしていたそうだ。両親は、一人っ子だった息子に英才教育を施すため、3歳くらいの頃から自分の塾に入れて読み書きや計算を教えていた。

両親は経営者という立場から、息子を一流に育てなければ示しがつかないと思っていたようだ。特に息子には厳しく当たったという。

息子は両親から常々こう言われていた。

「おまえがダメな成績を取ったら、うちの塾の評判が落ちることになるんだ。おまえの成績が、うちの塾のレベルをそのまま示すことになるんだぞ。100点以外は絶対に許さないからな」

息子の学力を上げることで、自分たちの講師としての実力を示そうとしたのだ。

彼は散々つらい思いをしながらも、なんとか親の期待に応えて一流大学へ進学し、テレビ局に就職した。親は国家公務員になってほしかったらしいが、有名企業だったのでそれなりに認めてくれたそうだ。

だが、その後、彼の人生は暗転してしまう。テレビ局のアシスタントディレクターとして現場の調整から人間関係のフォロー、それに加えて毎日のように求められる企画やアイディアといった激務に耐えられなくなったのだ。

彼は言う。

「これまで親の言いなりになって、ただ指示されたことをやってきただけだったんです。それでいきなりテレビ局っていうハードな職場に入った時、まったくついていけなかった。自分で動けって言われても動けないし、アイディア出せって言われても出せない。そもそも自分がこの世界でやりたいことなんて1つも思い浮かばないんです。それでもう毎日がつらくてぶっ壊れちゃいました」

入社2年目、彼はうつ病を発症して会社へ行けなくなった。職場に休むという電話をかけることができず、先輩が家に来ても対応することもできない。そのままフェイドアウトするように会社を辞めた。

彼は貯金を切り崩しながらひきこもりのような生活をはじめた。最初は会社を辞めたことを実家に内緒にしていたが、生活が苦しくなって電話で事実を打ち明けた。すると、両親は息子を慰めるどころか、激怒したそうだ。

「なんのために一流大学まで行かせたと思っているんだ。お前がそんな生活をしていたら、私たちの親としての信頼が揺らぐことになる。再就職するまでもどってくるな！」

両親にとって息子はどこまでもお飾りでしかなかったのだろう。

男性はショックを受けたものの、経済援助なしでは生きていけない。わずかな仕送りを求めるために電話をしては、毎回口汚く罵られるということをくり返した。

そのうちに男性は自分の現状を直視することができなくなった。そんな彼が頼ったのが、酒だった。毎日大量の酒を飲むことで、今の苦しい状況から目をそらそうとしたのだろう。間もなく彼はアルコール依存に陥り、外で暴力沙汰を起こして逮捕された。

事件は略式起訴で済んだが、実家の両親からは絶縁された。彼は心を改めて酒を断つことを決め、建物の解体の仕事で人生を再スタートさせた。だが、ここで別の落とし穴が待っていた。同僚から「元気が出る薬」と言われて勧められた覚醒剤に手を出したのだ。彼はアルコールの時と同様にあっという間にのめり込んだ。

それから十数年間、彼は覚醒剤から抜け出せず、逮捕と再犯をくり返す生活をした。そして依存症の回復施設に行きついたのである。

彼は次のように話していた。

「有名な大学に行って、有名なテレビ局にも入りましたけど、ずっと俺は何もないダメな人間なんだっていう気持ちがありました。それで仕事に行きづまって、さらにダメになった自分を忘れたくて、アルコールや薬物に手を出しつづけた。こんなんになるなら、若い時に勉強以外のことをもっとたくさんやっておけばって今でも悔やみます。親には今の自分を見られたら絶対にくそみそに言われるだけなので、連絡を取っていません」

この男性は、親の期待に応えて一流企業に就職するまではうまくいったが、十分な愛情を注がれず、社会で生きていく力を養ってもらえなかったことで、道を踏み外すことになった。アルコール依存や薬物依存だけ見れば自業自得と見なされがちだが、適切な親子関係があれば、ここまで転落せずにすんだはずだ。

このように見ていくと、教育虐待を受けた人たちが、大人になった後も、様々な壁にぶつかって生きていることがわかるのではないか。逆に言えば、それだけ子供時代の体験は、後々の人生にまで影響を及ぼすのである。

ともあれ、今回示したケースはどれも当事者の身にわかりやすい問題が生じ、医療機関や回復施設につながったものだ。だからこそ、彼らは専門機関で心の問題を分析してもらい、幼少期の親子関係が今の自分に影響を及ぼしていることを自覚できた。

先の精神科医の杉田によれば、そういう人たちは必ずしも多くはないのではないかということだ。彼は次のように述べる。

「大人になって子供時代の教育虐待が自分に及ぼしている影響に気づくためには、医療機関につながり、精神疾患と診断され、さらにカウンセリングで幼少期の問題まで掘り下げて指摘してもらわなければなりません。そこにまで到達する人は2割にも及ばないでしょう。

たとえば、教育虐待がもっとも引き起こしやすいものの1つが、アタッチメント（愛着）の問題です。幼少期の親の愛情不足から、大人になっても大きな孤独感を抱えつづけたり、人のぬくもりを求めて性行動が乱れてしまったりします。これが自殺未遂や売春という形で現れればともかく、そうでなければ医療機関につながることはありません。そうなると、教育虐待の被害は闇に葬られてしまうのです」

実際に私の知っている例であれば、親の教育虐待によって膨らんだ自己否定感が「違う自分になりたい」という思いにつながり、全身にタトゥーを施した女性がいた。体中にピアスをつけたり、舌を割いたりして人体改造を行っていた。はっきり言って、外見は彼女の原形をとどめていない。

彼女はたまたまその道でうまくいき、アーティストのような活動をすることに成功した。ゆえに自分がなぜ人体改造に憧れるのかを考えたことがなかったと語っていた。つまり、ゆがんだ形であっても生活が成り立っているうちは、本人がその原因に気がつくことはほとんどないのだろう。

そうしてみると、よほど重大な状況に陥らない限りは、杉田が指摘するように8割の人は無自覚なままに生きているのかもしれない。

教育虐待の連鎖

本章の最後に考えたいのが、**教育虐待の連鎖**だ。

主に身体的虐待やネグレクトにおいて、虐待が連鎖するということはよく指摘されている。なぜ虐待の連鎖は起こるのか。大きく分けて3つの要因がある。

1つが、行動原理の伝承だ。つまり、子供が虐待を受けて育つと、その子も「親が子供を言いなりにさせる際は暴力をふるってもよい」と考えるようになる。親の体罰＝教育という勘違いが、親から子へ引き継がれてしまうのである。

2つ目が、愛情のゆがみである。人は親から愛情を受けて育つことで、自分が大人になった時に同じように子供を愛することができるようになる。だが、愛着形成がうまくいかないと、その人は親になった後も子供より恋人との遊びを優先してしまうとか、子供に関心を持てないといったことが起こる。

3つ目は、心の病気や障害が要因となるものだ。人は虐待によるトラウマから統合失調症、パーソナリティー障害、気分障害、依存症などになることがある。こうした病理が原因となって、たとえば統合失調症の強迫観念によって子供を叩く、依存症によって子供をネグレクトするといったように虐待につながるのである。

このように見ていくと、虐待を受けた人が大人になり、親にされたのと同じことを子供にするメカニズムがわかるのではないか。3人に1人と言われる虐待の連鎖はこうして引き起こされているのである。

では、本書のテーマである教育虐待は、連鎖するのだろうか。

結論から先に言えば、私は一定の条件下において連鎖すると考えている。そのメカニズムは、右に述べた一般的な虐待の連鎖と基本的には同じだ。しかし、教育虐待の連鎖が他と異質なのは、親が自分が受けた被害を正当化することがある点だ。

今回の取材で出会ったケースから考えてみたい。

ある男性は、歯科医の親から教育虐待を受けて育った。生まれつき頭は良かったらしく、親の期待に応えて見事に地元で一番の名門校へ行き、地元の国立大歯学部にも進学することができた。卒業後は10年近く大学に残った後、父親の急病による引退に伴って、実家の歯科医院を継いだ。

この男性は自分を成功者だと信じて疑わなかった。だからこそ、それまでたどってきた道が正しいと信じ、子供たちにも自分がされたのと同じような厳しい教育指導をしようとした。そしてその思いは長男に向けられた。

家庭の中で、男性は妻とともに長男に勉強漬けの日々を送らせたものの、長男はそれほど器用ではなかったらしい。学力は伸び悩み、両親の指導に押しつぶされるように、小学5年生から不登校になった。

男性がそんな長男を連れていったのが地元のフリースクールだった。学校へ行けないのは仕方がない。その代わり受験勉強だけはしろというのが彼の意見だった。

フリースクールのスタッフは両親に対しては「わかりました。勉強させます」と答えつつ、裏では子供の心を癒すために勉強とは無縁の時間を過ごさせた。これによって、少しずつ回復の兆しが見られるようになったものの、家に帰れば相変わらず教育虐待が行われるので、一進一退の状態がつづいた。

半年後、スタッフが業を煮やして両親を呼び、子供が回復しないのは親子関係が原因ではないかと指摘した。子供の心が落ちついて、自分で勉強をしようとするまで距離を置くべきだろうと助言したのだ。すると、男性は激怒してこう言った。

「俺だって子供の頃は親に厳しくされてつらい目にあったけど、それがあるから今の地位を手に入れられたんだ。周りからは認められるし、裕福な生活だってできている。あなた方（フリースクールのスタッフ）よりは社会的によっぽど高い地位についていると言えるはずだ。あまり言いたくないが、うちの子はあなたより高いところを目指しているし、私もそこへ引き上げたいと思っている。だから、あなた方の狭い見識だけで変なことを吹き込まないでほしい」

そして男性は長男をフリースクールから引き離してしまったという。

ここからわかるのは、教育虐待サバイバーが社会的地位を手に入れた時、過去の体験を肯定してしまうことの恐ろしさだ。

なまじっか社会で富と名声を手に入れてしまうと、彼らは自分が歩んできた道を正しいものと信じ込むため、あるいはそう信じたいがために、わが子に対してまったく同じことを強いる。厳しい教育は子供のためになるものだと考えてしまうのだ。さらに言えば、彼らは周りの人たちを見下しているので、学校の教員やフリースクールのスタッフが何と言おうと聞く耳を持とうとしない。

ここが教育虐待の連鎖を断つのが困難な原因の1つだ。自分自身の成功体験が、彼らを虐待の連鎖に縛りつけてしまっているのである。

第6章
支援者たちは何を感じているのか
――回復にいたる道

医療現場にて

教育虐待によってつぶされた子供たちが、再び立ち上がって何かを目指そうとする時、必要な2つのステップがある。**病んだ心の治療と主体性を持って生きる力の育成**だ。

前章で見た品川メンタルクリニック品川本院のような医療機関の役割は前者だ。子供に精神疾患の症状が明らかであれば、いち早くそれを治さなければならない。その方法は子供によっても疾患によっても異なることを前提に、同クリニックが行っているうつ病治療について見ていきたい。

大人のうつ病治療では、抗うつ薬が用いられることが多い。抗うつ薬は高い効果を示す一方で、依存症に陥りやすいリスクを秘めている。

渡邊真也院長は次のように語る。

「抗うつ薬は副作用が結構強いので24歳以下の人にはつかいたくないというのが正直なところです。依存になってしまうと、長きにわたって薬が手放せなくなるばかりか、回復までにかなり時間がかかってしまいます。そうなると、子供、特に受験を控えた子に適しているとは言い難い。

僕はなるべく薬に頼らない方法を目指しています。TMS（磁気刺激治療）を使用しながら、当クリニックのカウンセリングにつないで回復を目指すなどするのです。保険では、TMSは一定の薬を服用していなければ使用できないなどの使用上の制限があるので、少々もどかしい面もあるのですが」

渡邊の発言は一般論であり、子供に重度の症状が出ている場合や、受験より治療を優先しなければならない場合は、抗うつ薬を使用することもある。子供の症状や状況を総合的に考慮した上で、個別に治療法を考えていくということだ。

ここでいうTMSとは、医療機器によって脳に磁気刺激を与え、感情のコントロールをする扁桃体の働きを調整したり、意欲や思考力をつかさどる前頭前野を刺激したりする治療法である。2019年に保険適用になった比較的新しい治療法で、早ければ10回、平均して30回ほどの使用で効果が出るとされていて、抗うつ薬のような副作用は少ないといわれている。

とはいえ、すべての医師が渡邊のように受験うつに詳しく、深い理解があるわけではない。今回私が取材した子供の中には、病院との相性が悪く、薬漬けになってしまった男の子がいた。

この男の子は、大阪府内の進学校に通う高校生だった。高校2年の時にうつ病の症状が現れたため、地元のメンタルクリニックへ行った。そこで薬を処方されたものの、改善しなかったことから、別のクリニックへ行ったところ新たに薬を処方された。そこでも治らず、さらに別のクリニックを受診しているうちに、処方される薬がどんどん増えていき、1日中副作用で頭がぼんやりしている状態になり、高校3年の半ば頃からは勉強どころか、学校へ行くことさえできなくなった。

受験の日が迫ってきたが、本人はテストどころではない。現役では受験に失敗。その後3浪までしたものの、副作用からなかなか抜け出せずに不合格がつづき、ついに受験を投げ出して自室にひきこもってしまった。

現在彼が通院している病院の医師はこう語っていた。

「私の所見では、次から次に薬を出す必要はなかったと思っています。本人もそれを望んでいませんでした。ただ、いくつもの病院にかかり、それぞれの医者の診断が少しずつ異なったせいで、いつの間にか薬が増えていってしまったようです」

子供に対する大量の薬の処方は望ましいことではないが、受験が迫っているケースでは、逆に親や子供の方から薬を欲するケースも少なからずあるという。

同じく大阪に暮らす別の男の子の例を紹介しよう。この男の子が母親に連れられて病院にやってきたのは、浪人1年目の11月だった。受験まであと4カ月を切っており、経済的にも2浪はできないという状況に追い込まれていた。

医師が診たところ、男の子には明らかなうつ病の症状が出ていたが、症状としては不眠や頭痛などが現れているだけでそこまで深刻ではないと思われた。だが、母親は「できるだけ強い効果のある薬をください」と訴えてきた。すでに別の病院へ行ってうつ病と診断されたのだが、望んでいた薬を処方してもらえなかったことから、ここに来たのだという。

よくよく聞いてみると、母親は受験が迫っていることを気にしているようだった。今のままでは希望の大学の合格水準に達しない。だからこそ、薬を処方してもらい、1日でも早く治して受験戦線に復帰させたいという。

医師は、精神疾患は頭痛と違って、薬を服用したからといって数日で治ってすぐに受験勉強ができるようになるわけではないと説明したが、母親だけでなく、子供も聞く耳を持たず、強い薬を出してほしいの一点張りだった。医師は仕方なく強い薬を出したところ、案の定男の子は副作用で逆に勉強に身が入らなくなり、受験に失敗したという。

残念なことに、受験に熱を入れるあまり、このようなことが起こることがあるそうだ。冷静に考えれば、うつ病になりながら受験をすること自体に矛盾があるのに、それすら見えなくなっているのだろう。

渡邊は話す。

「受験うつを治したいのならば、本来は受験から距離を取ることです。でも、実際には親だけでなく、子供の方もなかなかそれができません。医者の方も『やめなさい』とは言いにくい。

少し前にも、名門校に通う高校生がやってきました。両親は有名大学を出た医者で、その子に対して医者になれと強く言っていたようです。それで精神的にやられてしまったのでしょう。

この子はうちで受験うつの治療を受けているにもかかわらず、これから猛勉強して絶対に医学部へ合格するんだと話していました。ただし、進学するのは東京の大学ではなく、地方の大学だ、と言うんです。どうして地方の大学なのかと尋ねたところ、彼から返ってきた答えは『親から逃げたい』でした。

親が『医学部なら地方の大学への進学も認める』と言ったので、彼はそれなら地方の医学部へ行って過剰教育をする親から逃れようと考えたみたいです。受験うつになりながらも親から逃げるために猛勉強して地方の医学部に行くなんてゆがんでいますが、彼にとってはそれが最善の策ということなのでしょう」

この男子生徒のように、受験が親から逃げるための手段になっているケースも少なからずある。ただ、前章で取り上げた医学部生のアイデンティティー・クライシスのように、これで医学部に進学したとしても、入学後に目的を失って大きな壁にぶつかるリスクがあることは否めない。

それにしても、親子で病院にやってきて受験うつと診断されているにもかかわらず、一旦受験勉強から離れてみるといった解決策にたどり着かないのはなぜなのだろう。

渡邊が来院する親子を見ていて危惧するのは、親子間の会話の少なさだという。彼はこう語る。

「医療につながって問題が明らかになれば、家族できちんと話をすればいいと思いますよね。親の教育に対する思い、子供が抱えている苦悩、それらをちゃんと話し合えば、病気の治療でも、教育虐待の改善でも、いい解決策は導き出せるはずです。

最近の家族を見ていて思うのは、家族の中でそうした会話がなされていないということです。親と子供がきちんと自分の意見を出し合って、何がベストなのかをお互いに決めていくということができない。いや、それどころか、ほとんど会話らしい会話をしない親子が増えてきています。だから、受験ありきで物事が進んでしまうのです」

このことは、現代人のライフスタイルとも関係があるように思う。今の家族は、それぞれが個別の価値観を持って、お互いに介入することを避ける傾向にある。そして、家やレストランなどで同じ空間にいても、みんなが別々にスマホやゲームをやっていて、向き合って本音で何かを話す機会が少なくなっている。

こうした環境では、親と子供が受験や将来について深く話し合ったり、病気になった時に何を優先するかを決めたりすることができにくい。そうなると、個別の価値ではなく、学歴のような一般的な価値に重きが置かれ、それが優先されやすくなってしまう。

渡邊によれば、クリニックに来る家族の中には医師を介してしか本音を話せない人もいるそうだ。親は「先生の方から子供に言ってください」と言って自分の意見を託し、子供も「先生から親に伝えておいて」と直接的な対話を避けようとする。直に話をした方がいいのではないかと提案すると、「それじゃ、もういい」となってしまうらしい。

しかし、誰を間に入れようとも、最終的には本人たちが直に話をしないとお互いが納得のいく答えを出すことは難しいだろう。相手の考え方を知る、痛みを想像する、そうしたことをした上で譲れるところは譲るということをしなければ、生活の場はどんどん生きづらいものになってしまう。

このように考えてみると、親にとっても子供にとっても困難な状況を変えることができにくい時代になりつつあるのかもしれない。

フリースクールの取り組み

西日本に15年以上の歴史を持つフリースクール「みどりの森学園」（仮）がある。一軒家を改装した家庭的な雰囲気の施設だ。

本来は実名で記したいところだが、フリースクールは親に入学金や学費を払ってもらって不登校の子供を預かっている。そしてその多くが厳しい経営を余儀なくされている。実名で記すことによって、経営に差し障りが生じることを懸念し、本書では同フリースクールとの合意の下で仮名にすることをご了承いただきたい。

みどりの森学園は、他のフリースクール同様に様々な事情で学校に行けない子供たちを受け入れている。困難な状況にある子供たちを落ち着かせ、レクリエーションなどを通して自発性を持たせ、勉強をしたい子には勉強をさせる。これまで多くのフリースクールを見てきた経験からいえば、ここはマンツーマンによる学習指導など比較的勉強に重きを置いている印象がある。

代表の大和田敏夫（仮名）は元教員という経歴を持っている。彼は次のように話す。

「うちは子供の数を20名以下にしていて、小・中学生から高校生までを受け入れています。学校へ行かなくなった理由は子供によってちがいます。大雑把に言えば家庭環境や親子の要因がないわけではありませんが、社会の無理解、無関心にも起因しているように感じています」

こうした子供たちの中には、本書のテーマである教育虐待の犠牲となった者も含まれている。

親が子供をフリースクールに連れてくる背景は、先ほどまで見てきた精神科のそれと似通っている。まず子供の身に体調不良や不登校といった問題が現れ、学習の継続が困難になる。親がそれに気がつき、ネット検索、あるいは学校や病院の紹介でフリースクールに相談にやってくる。こうしたこともあって、みどりの森学園に通う子供たちの3割は何かしらの医療機関にかかっているという。

とはいえ、フリースクールの役割は、病院のそれとは異なる。病院の役割が病気の治療だとすれば、**フリースクールのそれは、子供たちの心を落ち着かせ、自分自身の本音を気づかせ、再び前へ歩けるよう後押しすること**だ。教育虐待の子供であれば、家庭とは別の環境で落ち着いた時間を用意し、一緒になってこれから何をしたいのかを考え、子供がそれに向かって進むのを後押しすることである。

大和田は言う。

「フリースクールに子供を連れてくる親は、わが子に寄り添おうという意識のある方が多いと思います。教育虐待でいえば、親はここに来る前にいろんな人から話を聞いたり、調べたりしているので、多少なりとも自分がやってきたことが間違いだったかもと不安を感じています。自分が厳しくしすぎたせいで、子供が勉強嫌いになって学校へ行けなくなりましたと言う人もいます。

ですが、親がそれまでの姿勢を急に変えられるかといえば、それはそれで簡単なことじゃありません。親にしてみれば、ずっと正しいと思って、一生懸命にやってきたことです。頭ではわかっていても、切り替えるのには時間がかかってしまいます」

みどりの森学園に限らず、フリースクールに通うには、2〜6万円くらいの月謝に加えて、入学金、施設使用料、レクリエーション参加費などがかかるのが普通だ。通う期間も短くて数カ月、長ければ数年だ。子供の回復のためにそれだけの費用と時間をかけられるのは、そこそこ〝筋のいい親〟といえるだろう。

それでも同学園の別の講師によれば、「不登校支援の7割は親支援」だそうだ。親は現代社会において学歴がそこまで重要ではないと頭ではわかっていても、わが子がレールから外れることに不安を抱かずにいられない。フリースクールに通わせていても、焦り、いら立ち、絶望がどうしても増していく。

親のこうした内心を示すのが、スタッフが頻繁に尋ねられる質問だ。親は子供の自由意志に任せて見守っているだけのことに耐えられず、「私は何をすればいいのでしょうか」と尋ねてくるという。スタッフの回答は、「今は何もしないでください。そっとして回復するのを待ってください」だ。下手に干渉すれば裏目に出ることになりかねない。

こんな時、大抵の親は納得できずに不満そうな表情をするという。頭ではわかっていても、それまでの習性を捨てることができず、じっとしていられないのだ。それゆえ親の側にもストレスが溜まっていく。

みどりの森学園では、こうした保護者をケアするために、個別に行う面談に加えて、「親の会」を開催している。それに外部向けのイベントも定期開催している。それぞれの家庭や子供のケースを話題にしながらヒントを得たり、他の親や、不登校経験のある若者たちの実体験に耳を傾けたりすることによって、肩の荷を少しでも軽くする機会をつくっているのである。

大和田は言う。

「うちに来る子供にとって必要なのは、〝元気〟を溜めることだと思います。本来、子供には自分であれこれ考えて動くためのエネルギーがあるのですが、周囲との関係がうまくいかずにそれが空っぽになってしまうことがある。そうなると、ピタッと動けなくなって不登校になったり、体調に異変が現れたりするのです。

そんな子供がまずしなければならないのは、家庭で安心してゆっくりと過ごしてもらうことです。子供によって回復力の差はありますが、〝元気〟が溜まってくると、家庭や学校から離れて自分のペースで生活できるようになっていきます。しかしその途中で、周囲が手出し・口出しし過ぎてしまうと、〝元気〟が溜まりづらくなってしまう。そういう意味でも親と子供の距離感というのは、本当に難しいです」

他のフリースクールを取材していても、〝元気〟を「自主性」「アイデンティティー」「意欲」など別の表現にして、同じような意見を聞かされることがある。

教育虐待のケースに関していえば、フリースクールの役割は病院のように積極的な治療によって子供が抱えている問題を解決することではない。むしろ、子供を家庭や学校とは異なる場所に避難させ、その子が持っている自己治癒力を少しずつ活性化させることによって、前に向かって進んでいく気持ちを取り戻すのを待つことだ。

子供によってスピードの違いはあるが、多かれ少なかれ回復する力を持っている。親が意識を変えて見守ることに徹すれば、大半の子供たちは1年もかからずにエネルギーを元通りに取り戻すこともあるだろう。そうやって子供は初めて次の一歩を踏み出せるようになる。

元気を取り戻した子供たちは、その後どのように進んでいくことになるのか。大和田は語る。

「親は少しでも子供が動き出すと、しんどくて動けなかった時のことを忘れて、早く次のステップへ進ませようとすることもあります。進学塾へ行かせるとか、うちで朝から夕方までみっちりと勉強を教えてくれと頼んできたりする。これは逆効果で、すぐにまた疲れてしまうケースが少なくありません。子供に〝元気〟が溜まって動きはじめた時こそ、その子にとってもっとも望ましい生き方を一緒になって考えることが必要だと思っています」

大和田の記憶に残っている父子家庭で育った男子生徒がいる。

男子生徒は、先の言葉で表せば〝元気〟が枯渇した状態で学校へ行けなくなった。親によってみどりの森学園に連れてこられたのは少ししてからだった。

大和田や他のスタッフたちは、その男子生徒にレクリエーションなど勉強以外の様々な機会を提供し、共に過ごした。農業体験、芸術鑑賞、芸術体験、スポーツといったことを経験することで、その男子生徒はだんだんと自信をつけて明るくなっていった。

だが、父親は迫りくる受験に焦り、「子供に受験勉強をさせてくれ」と訴えてきた。大和田が時期尚早だと伝えると、父親は子供を別の学習塾へ通わせた。結果、男子生徒は間もなく塾へ行けなくなった。

大和田が父親に提案したのは、男子生徒を通信制の高校へ進学させることだった。生徒のペースで生きる力を育ませることを優先させるべきだとアドバイスしたのだ。父親は渋々承諾した。

その結果、男子生徒は通信制の高校でしっかりと自分を取り戻し、大学受験に挑んだ。そして志望する大学へ進学したという。

大和田は言う。

「親は1、2カ月休んだら周りについていけなくなるんじゃないかとか、1年遅れたら人生は終わりだと考えることがありますが、ぜんぜんそうではありません。目先の勉強より、子供たちがきちんと自分で歩いていく力を持てるようになることの方がずっと重要なのです。それができれば、数カ月のブランクや1、2年の遅れなんて、本人の気持ち次第で簡単に埋めることができます」

受験勉強は本人がやる気になってやるのと、そうでないのとでは、身に付き方に雲泥の差が現れる。子供が教育虐待から脱し、自分の意思で勉強をやりはじめれば、東大・京大レベルはともかくとしても、1、2年の勉強である程度名の知れた大学の合格を勝ち取るのは十分に可能という声も聞くことがある。特に教育虐待を受けた子供は、往々にして基礎学力がついているので、大きく飛躍できる可能性がある。

そのように考えてみると、いかに親子の関係が子供の成長を阻害しているかがわかるだろう。重要なのは、親が一歩後ろに退くことによって、子供が思い切って羽ばたけるような環境を整えることなのだ。

次は、そうした子供たちの受験現場に光を当ててみたい。

再出発のための塾

東京都のJR代々木駅から徒歩3分ほどのビルの2階に「キズキ共育塾」の代々木校がある。ここは、高校中退者、不登校、ひきこもりのための塾だ。2011年の設立以来、多くの需要を取り込んだことで校舎は全国に9校に拡大し、今では小学生から社会人が学んでいる。

代々木校の教室にはブースが並んでおり、生徒たちはマンツーマンの個人指導を受けている。不登校の子供から社会人までいるので年齢の幅は広いが、学習塾特有のヒリヒリとした緊張感と熱気が立ち込めている。ひきこもりの生徒の場合は、オンライン授業を希望することも多く、コロナ禍の前で1割、最近は3割がオンラインで受講しているそうだ。

キズキ共育塾に通う生徒の中にも、教育虐待を受けた経験のある者はそれなりにいる。これまで見てきたように虐待の影響で心身に異常をきたして学校を中退した後に、もう一度やり直そうと思って塾の門を叩くのである。

エリアマネージャーの佐藤朋美（仮名）は次のように述べる。

「うちに来る生徒さんの話を聞く限り、受験が終わって間もなく中退したという子も多い気がします。受験をしてそれなりの中学や高校に入ったんだけど、そこでうまくやっていけずに1年の夏前後に辞めてしまうということです。

なんとなく感じるのは、受験競争に身を投じる中で『ほどほどにやる』とか『人と付き合う』とか『空気を読む』といった力を育てる機会を持てなかったことが影響しているのではないかということです。勉強をすることだけを徹底的に教え込まれて、日常のあれこれを器用にさばいていく方法を学ばせてもらえなかった。

だから、せっかく受験に受かって進学したのに、そこでうまく立ち回れないんです。些細な事が大きな壁になってぶつかり、どうしていいかわからなくなって、学校へ行けなくなってしまう。そういう子が多い印象があります」

これはすでに見てきたことだが、進学校の中退者に焦点を当てれば、よりその傾向は顕著になるのだろう。

ただ、私は厳しい受験を経験した人がみなそうなるとは考えていない。自分の意志で受験を選んだ子供であれば、その過程で努力を認めてもらって自尊心を高めたり、周りの子と切磋琢磨する中でコミュニケーション力を磨いたりすることで、より高い人間力を身につけられるようになるはずだ。

問題は、親の言いなりになり、教育虐待の中で受験勉強に取り組んできた子供たちの方だ。

彼らはロボットのように勉強しているだけなので、同じ受験勉強をしてもそうした力を育てることができない。

受験が終わって同じ学校の教室に両者が机を並べた時、後者の子供たちが生きづらさを抱えるのは必然だろう。自分の意志でやってきた子とそうでない子の差は悲しいほどはっきりとしている。

キズキ共育塾で代表をつとめる安田祐輔は、過剰な教育の押し付けは百害あって一利なしと断言する。では、親はどこの段階で子供の勉強への関与から手を引くべきなのか。

安田は次のように語る。

「僕としては親の役割は〝基礎学力〟をつけさせるまでだと思っています。学校の教科書に出てくる基礎のところをきちんとできるようにさせる程度です。教科書に出てこないところを無理に教えたり、1学年も2学年も上の勉強をさせたりする必要はありません。

子供というのは自分で必要と感じれば自然に勉強をするようになるものなんです。その時に基礎学力がなければ、スタートラインに立つのが難しくなります。逆に基礎学力さえあれば、いくらでも自分で力を伸ばしていくことができる。

大切なのは、親が何かをやらせるのではなく、子供を全面的に信頼することです。本人がやる気になるのをじっと待つこと。そして走り出した時に応援することです。それだけで子供は自分に合った形で成長していくのです」

　安田は子供が持つ主体性の可能性を信じている。子供はいつかどこかで自覚して学習意欲を持つものだ、と。ただし、その時に学年相応の最低限の学力がなければ、本人が成長したくても十分に成長できない。だからこそ、子供の年齢に合った基礎学力だけはつけさせておくべきだと考えているのである。逆に言えば、親の役割はそこまででいいということだ。

　安田はつづける。

「僕は、子供が精神的に成長する時期はバラバラだと考えています。子供が自発的に勉強をするようになるには、自分の頭で将来像を思い描いて、『自分はこれを目指すんだ』という意思を持たなければなりません。そういう意欲が生まれて初めて、目標を決めて勉強をするようになる。

　しかし、子供が精神的に成熟してそう思うようになる時期には差があります。小学生でそれができる子もいれば、20歳を超えてできるようになる子もいます。僕自身も18歳になってできたタイプでしたし、うちの塾に来ている子たちの中には社会人を経験してからという子もいます。

　親がしなければならないのは、静かに子供の成長を見守って、その時期が訪れた時に陰からサポートすることです。それをせず、自分の都合で子供をけしかければ、過干渉や教育虐待になり、逆に子供の気力を奪ってしまうのです」

安田自身、18歳の時に大学受験を志すまでは、偏差値は30で、勉強どころか将来にすら興味を持てなかったそうだ。そこから自身の中で一念発起して受験勉強を開始し、2年ほどの勉強でＩＣＵ（国際基督教大学）に合格。その後は有名商社を経て事業家となっている。

これは私の取材の経験からも当てはまることだ。高校を中退して20代半ばまで海外を放浪していた男性が、急に生物学に目覚めて大学へ入って研究者の道へ進んだケースもあれば、地方の無名の大学を卒業した女性が、結婚して出産した後に司法試験の勉強をして合格したケースもある。共通するのは、それまで親にほとんど何も言われず、自分のペースでいろんなことを模索した末に目指すものを見つけたということだ。

教育虐待をする親は、これと真逆のかかわり方をする。彼らは子供の自発的な成長を認めようとしない。親が何もしなければ、子供はいつまで経っても未熟なままで成長しないと思い込んでいる。「うちの子は親にやれと言われるまで何もやらないのです」というような発言がまさにそれだ。だから、親である自分が子供に意識改革を促し、鞭打って勉強をやらせる必要があると考えて暴走してしまう。

では、家族は子供のためにどうあるべきなのか。安田は次のように語る。

「家庭は子供にとって安心していられる場、もっといえば尊重してくれる場であるべきだと思っています。親が子供を1人の人間としてちゃんと認め、適切な距離感を保ち、信頼する。それが揺るぎないベースになれば、子供はその子のペースで成長し、しかるべきタイミングで自分の未来を思い描いて、やるべきことをやるようになります。親がしなければならないのは、教育の押し付けではなく、家庭を安心できる空間にすることではないでしょうか」

喩えれば子供は野鳥のヒナのようなものだ。親鳥の役割は、ヒナのために安全な巣をつくり、栄養のある餌を必要な分だけ与えることだ。それさえきちんとしていれば、個体差はあれど、ヒナは自分なりのペースで成長し、適切なタイミングで羽を広げて大空へと飛んでいく。

もし親鳥が自分の理想通りの成長速度でないからといってヒナをくちばしでつついて、無理やり巣立ちを促したらどうなるか。ヒナは巣から落ちて死んでしまうか、飛ぶことを極度に恐れるようになるだろう。

人間の親もそれと同じで、家庭が子供にとって安らぎのある巣になっていれば、子供は自ずと成長していく。そうでなければ未成熟のまま社会に出て挫折するか、社会に出ることを恐れてひきこもってしまう。

安田は言う。

「はっきりと言えるのは、親に信頼されて自由にさせてもらった人たちは、自分の子供時代を肯定的に捉えるということです。彼らは口をそろえて『親は自分を信頼して好きにやらせてくれた。感謝している』と言います。これは社会的に成功した人も、そうでない人も同じです。

一方、教育虐待を受けた子は、年をとってもずっと親に憎しみを抱きつづけます。たとえ社会的に成功している人であっても、決まって『あの毒親のせいで自分は苦しめられたんだ』と恨み言をつぶやく。現在のうまくいかないことの責任をすべて親に押しつける人も少なくありません」

本当にその通りだろう。本書で度々紹介してきた古谷経衡さんにせよ、小島慶子さんにせよ、彼らは誰もが認める社会的成功者だ。2人とも一流大学を卒業し、若くして地位と名誉を手にし、現在でも社会的な影響力を持ちつづけている。にもかかわらず、今もなお、親に対する憎悪を煮えたぎらせ、それを本にまで書いているのである。

安田はつづける。

「これまで僕は勉強を強制されてつぶれた子をたくさん見てきました。けど、自分の意志で勉強をはじめてつぶれた子は1人もいません。たとえ受験で望むような結果が出なくても、その子は受験勉強の過程で培った自信や意欲をうまくつかって、別のところでその成果を出すようになります。僕としては、どこの大学に入ったかより、そっちの方がずっと重要だと思っています」

安田の生徒で印象に残っている男の子がいる。

両親はともに高卒で、そのことにコンプレックスがあったようだ。彼らは早いうちから息子に教育虐待をし、何が何でも一流大学へ行けと厳命していた。両親にとっての最低ラインは慶應大学だったらしい。

だが、大学受験では、親の望む結果が出なかった。意気消沈した男の子は目標を見失い、キズキ共育塾にやってきた。彼はそこで自分が何をしたいのか、そのために受験はどんな意味を持つのかを考えるようになった。そしてだんだんとやる気になり、意欲的に勉強に取り組んだ。

翌年の大学受験で合格したのは、慶應に遠く及ばないレベルの大学だった。だが、男の子は自分の意志で勉強をし、合格を勝ち取ったことに自信を持った。それが功を奏して、大学入学後は、積極的に自分でサークルを立ち上げたり、アルバイトで貯めたお金で海外を回ったりするようになる。そして彼は自分から番組制作会社に連絡を取り、見事に内定をもらった。現在はその会社で活躍しているそうだ。

たしかに、この男の子は、学力が思ったように伸びず、受験の結果だけ見れば成功といえなかったかもしれない。しかし、今の社会が求めているのは、学歴より、意欲を持って自発的に道を切り開いていく力だ。彼は自らの意志で受験勉強をやり直したことで学歴以上に大切な力を手に入れたのだ。

受験でどの大学に合格するかは結果でしかない。重要なのは、どこの大学に入れたかではなく、大学に入った時にどのような力を身につけられているかなのである。安田が理想とする「勉強」とは、まさに後者なのだ。

安田は言う。

「親から無理強いされたことで自信を持つ子はあまりいません。逆に、自分の意志で何かをはじめれば、どんなに小さなことだって自信になります。親が子供を尊重し、その自由意志に任せるのが重要だというのはそのためなのです」

何のために勉強をするのか。親の教育虐待は、その答えをはき違えるところからはじまる。だからこそ、親だけでなく、社会全体が、教育の本質とは何なのか、大人の役割とは何なのかということを、しっかり考えるべきではないだろうか。

大人たちが自信をなくし、成果主義がまかり通り、子供が生きる未来が見えにくい現代だからこそ、それを正面から話し合う意味があると思う。

エピローグ

教育虐待とは、教育の名のもとに行われる違法な虐待行為だ。

なぜそれが起こるのか、どのように子供を傷つけるのか、社会でどのように見なされているのか。本書では、教育虐待の実態について、多方向から光を当ててきた。

子供が教育虐待を受けることによって一生にわたる大きな傷を負うことは明確だ。だからこそ、もしその状況下に置かれたなら、できる限り早く親の支配から離れる必要がある。子供が取れる手段としては次のようものがあるだろう。

・児童相談所やＮＰＯなどの支援機関に連絡し、親から教育という名の虐待を受けていることを訴える。
・学校、学童、子供食堂などの職員に苦しみを打ち明け、自分の代わりに親を説得してもらう。
・ＮＰＯ法人が経営する無料塾のスタッフに事情を話し、親の指導ではなく、そこでの学習を主軸にする。

虐待をする親は、自分の考えや指導が正しいと思っているので、子供の意見に耳を傾けようとしない。だからこそ、その親の意識を変えるには、親を説得することができる大人、あるいは強制的に保護することのできる専門機関の大人に介入してもらい、代わりに対処してもらわなければならない。

しかし実際は、子供がそのような行動を取れることは少ないだろう。本書で見たように、子供たちの多くは幼少期から厳しい支配下に置かれて、自分の状況を客観的に把握できなかったり、気持ちを行動に移すことができなかったりするからだ。

では、子供はどうするべきなのか。教育虐待サバイバーたちが口にするのは次のような意見だ。

「親と縁を切るしかない。関係が長引けば長引くにつれて、どんどんひどいことになる。だから、どこかで親と縁を切って、まったく別のところで生きていくしかない」

本書でたびたび引用した小島慶子さん、古谷経衡さん、小石川真実さんも同じ決断をしている。親ときっぱりと縁を切り、距離を置いたところで人生の再スタートを切ったのである。彼らにとって、それが唯一、親の呪縛から解き放たれる道だったのだろう。

小石川真実さんは、次のように述べている。

「私同様、親の精神的暴力で心を病み、意に適った生き方ができずに苦しんでいる『子』の立場の方達には、何よりも虐待の連鎖を断つために、自分を傷つけた当の親をきちんと憎んで欲しい。そしてできれば一度は、親に正当な抗議をして欲しい。

しかしそれでも親が非を認めなければ、親ときっぱり訣別して、今度こそ自分の本当の魂に正直に従った、新しい本物の人生を歩み始めて欲しい」（『私は親に殺された！』）

その通りだと思う。

ただし、現在進行形で虐待を受けている子供たちが、親から距離を取ることができるだろうか。私にはそうは思えない。

小学生にとっては、たとえ虐待を受けていても、親は衣食住を保障してくれるライフラインそのものだ。自らの意志でその関係を断ち切ることは、命綱を手離すことに等しい。また、中高生がそれをしようと思えば、現実的には家出のような方法しかない。それはむしろ、子供たちのトラウマ体験を余計に増やすことになる。

つまり、教育虐待下にある子供たちが、自分の力で親元から逃げるのは極めて非現実的なのだ。そして、それこそが、今回私が教育虐待を1冊の本としてまとめ、世に出そうと考えた所以である。

現在の日本では、大勢の子供たちが教育という名のもとに虐待を受けている事実がある。社会が変容しつつある今、それを防ぐということにおいて、私達は一つの岐路に立たされていることを自覚しなければならないだろう。

急激に進むグローバル化や格差拡大の波は、人々の未来をこれまで以上に曖昧で不安定なものにしている。どう生きればいいのか、何に頼ればいいのかといったことが、見えにくくなっているのだ。

そうした中で、教育機関は少子化に直面し、子供たちの取り込みに躍起になっている。学歴を過大評価してなりふり構わず受験熱を煽る、大学全入時代の中で子供の個性を無視して一律に大学進学を勧めるといったことが、そこかしこで行われている。

親がこうしたことに動揺したり、影響を受けたりするのは仕方のないことだろう。分断された狭い人間関係の中で、彼らは偏った価値観を抱き、時にその弱さゆえに暴走するということが起こる。にもかかわらず、核家族の中では、親族や地域住民の目が届かないため、虐待は極めて露見しにくい。

私たちは、こうした社会状況を踏まえて教育虐待という事象に向き合う必要があるのではないだろうか。

冷静に判断すれば、これから先、教育虐待がいっそう増えたり、見えにくくなったりする可能性は十分にある。少なくとも、今のまま放置しておいて、自然に減少するとは考えにくい。

私は何も日本の未来に絶望し、そのことを本に書いて満足したいわけではない。私が目指すのは、この状況をはっきりと示した上で、教育虐待の概念を社会全体に広めることによって、未来をよい方向へ変えていくことだ。

虐待において格好の例がある。

かつての日本では身体的虐待、性的虐待、ネグレクトに比べて、心理的虐待はあまり注目されてこなかった。教育虐待同様に他人の目に見えづらかったり、線引きが難しかったからだ。

それが変わったのは、社会的な認知度が高まったからだ。まず、2004年の児童虐待防止法の改正で、配偶者のDV（面前DV）が心理的虐待に含まれると明記された。これによって、児童相談所への心理的虐待の相談件数が増えはじめたのだ。

さらに2013年、警察が家庭で起きているDV事案に積極的に介入し、児童相談所へ通報するようになった。そのおかげで瞬く間に相談件数は増え、現在では心理的虐待の相談件数が、他の虐待を圧倒している状態になっている。

これは統計を見れば、一目瞭然だ。2002年度に児童相談所が対応した心理的虐待の件数は３０４６件で、全体の12・８％を占めるにすぎなかった。それが右記のような経緯によって、２０２１年度には12万４７２２件に膨れ上がり、全体の60・１％を占めるまでになったのである。

私は、社会が本気になれば、これと同じことが、教育虐待においても実行できるはずだと信じている。

多くの人たちが教育虐待の概念を持ち、学校をはじめとした関係各所で積極的に予防や発見に力を入れられれば、これまで水面下にあった教育虐待を浮き彫りにさせることが可能になるはずだ。そうすれば第三者が介入して手を差し伸べることができるようになるし、親として教育が行きすぎないように気をつけるようになる。そうなった時、どれだけ多くの子供たちが救われるだろうか。

私は日本の学校教育を否定するつもりは微塵もない。親が子供の学力向上を願うことも、学校教員や塾の講師がその手伝いをしたいと願っていることも、社会の未来にとっては大切なことだ。

だが、現在の教育のあり方に、教育虐待を生む要因が些少でもあるのだとしたら、国は、学校は、家庭は、学習塾は、その危険性を認め、予防に力を入れる責任があるのではないか。教育機関こそが、自らがやっていることが虐待につながらないような対策を行うということである。

教育虐待の犠牲者は、教育の最前線にこそ多く存在する。だからこそ、関係者がきちんと自覚し、取り組むだけで、状況はだいぶ変わるはずなのだ。

本書の取材の中で、私はさんざん教育虐待のサバイバーから同じ言葉を聞かされた。次のような言葉だ。

――私を見てほしかった。

――認めてほしかった。

――褒めてほしかった。

なぜ、未来をつくるはずの教育の名のもとで、子供たちがこんな悲しい思いをしなければならないのだろう。

どのような未来をつくるのかは、どのような教育をするかということと同義だ。だからこそ、私たちは子供にとって最良の教育とは何かを考え、実行していかなければならないのである。

著者略歴

1977年、東京生まれ。作家。国内外の貧困、災害、事件などをテーマに取材・執筆活動を行う。著書に『物乞う仏陀』『遺体』『「鬼畜」の家』『43回の殺意』『本当の貧困の話をしよう』『近親殺人』『ルポ　誰が国語力を殺すのか』など多数。2021年、『こどもホスピスの奇跡』で新潮ドキュメント賞を受賞。

ハヤカワ新書　005

教育虐待《きょういくぎゃくたい》

子供を壊す「教育熱心」な親たち

二〇二三年六月二十日　初版印刷
二〇二三年六月二十五日　初版発行

著　者　石井《いしい》光太《こうた》
発行者　早川　浩
印刷所　精文堂印刷株式会社
製本所　株式会社フォーネット社
発行所　株式会社　早川書房
東京都千代田区神田多町二ノ二
電話　〇三‐三二五二‐三一一一
振替　〇〇一六〇‐三‐四七七九九
https://www.hayakawa-online.co.jp

ISBN978-4-15-340005-4 C0237

「ハヤカワ新書」創刊のことば

誰しも、多かれ少なかれ好奇心と疑心を持っている。

そして、その先に在る納得が行く答えを見つけようとするのも人間の常である。それには書物を繙いて確かめるのが堅実といえよう。インターネットが普及して久しいが、紙に印字された言葉の持つ深遠さは私たちの頭脳を活性して、かつ気持ちに余裕を持たせてくれる。

「ハヤカワ新書」は、切れ味鋭い執筆者が政治、経済、教育、医学、芸術、歴史をはじめとする各分野の森羅万象を的確に捉え、生きた知識をより豊かにする読み物である。

早川 浩

名作ミステリで学ぶ英文読解

越前敏弥

名作ミステリは原文も謎だらけ！

エラリイ・クイーン、アガサ・クリスティー、コナン・ドイルの名作を題材に英文読解のポイントを指南。ミステリの巨匠たちの緻密で無駄のない文章を精読することで、論理的な読み解き方を学ぶ。数々のベストセラーを手がける名翻訳家からの「読者への挑戦状」

ハヤカワ新書
001

古生物出現！空想トラベルガイド

ナウマンゾウと散歩、
潜水艇でアンモナイト見物！

もしもマンモスや恐竜が現代の日本の街を闊歩し、翼竜が空を飛んでいたら？　架空の旅のガイドブックを通して、全国から化石の発見が相次ぐ古生物天国・ニッポンの魅力を味わい尽くす。あなたもさっそく本書を手に取って、古生物と触れ合う旅に出てみよう！

土屋 健

ハヤカワ新書
002